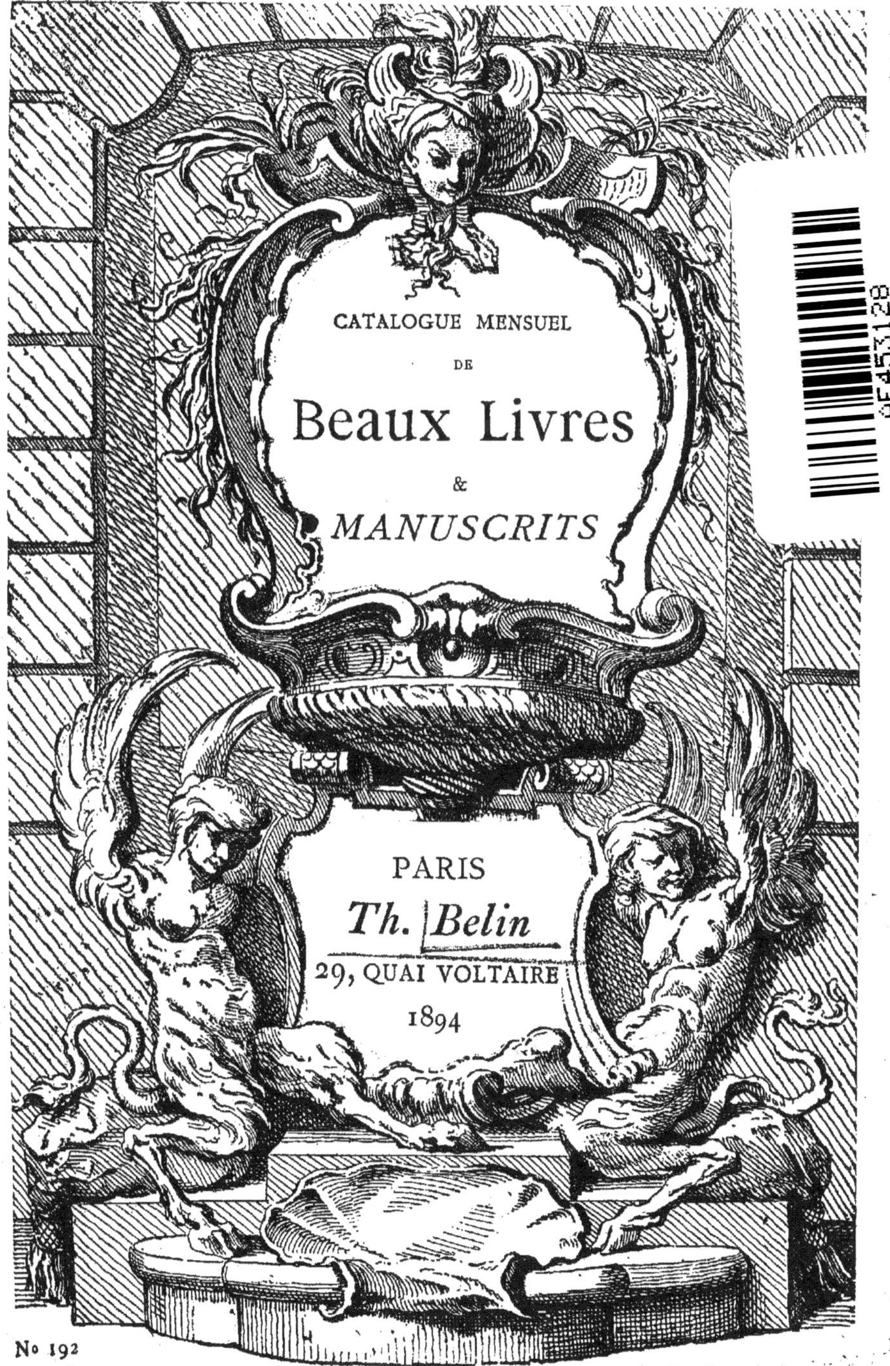
CATALOGUE MENSUEL
DE
Beaux Livres
&
MANUSCRITS
PARIS
Th. Belin
29, QUAI VOLTAIRE
1894

—

CATALOGUE

DE

Beaux Livres

ET

MANUSCRITS

Fairault & Cie, 3, passage Nollot, Paris.

CATALOGUE

D'UN JOLI CHOIX

DE

LIVRES RARES

ET PRÉCIEUX

Manuscrits avec Miniatures

EN VENTE AUX PRIX MARQUÉS

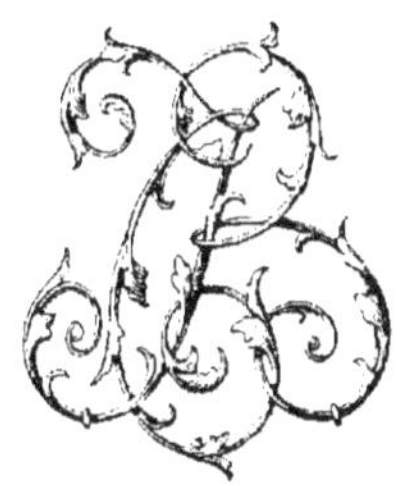

PARIS

THÉOPHILE BELIN, LIBRAIRE

29, Quai Voltaire, 29

—

1894

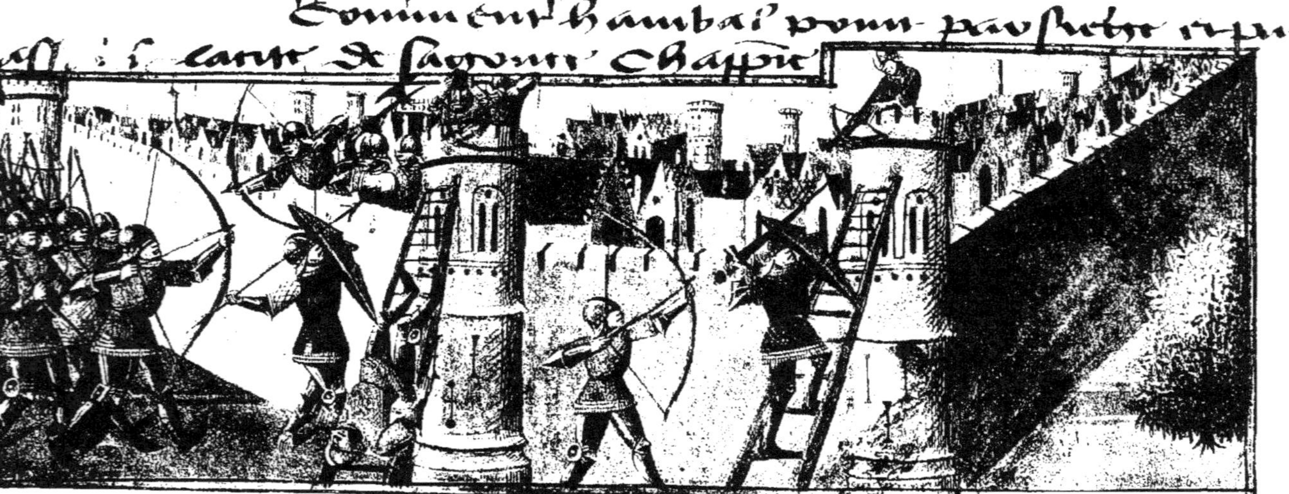

Nº 1. Chroniques dites Martiniennes. Manuscrit du XVe Siècle.

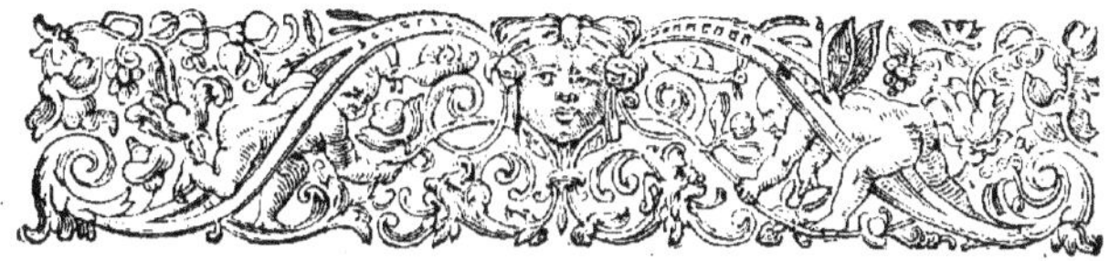

MANUSCRITS

N° 1

Chroniques dites Martiniennes

In-fol., de 236 feuillets ; veau rac., tr. jasp.
(*Rel. du XVIIIe siècle*).

(Vendu).

Important manuscrit sur vélin, exécuté vers 1460, et orné de *vingt-quatre belles miniatures*. Il est surtout précieux pour avoir appartenu à l'un des plus grands bibliophiles de ce temps, *Jacques d'Armagnac, duc de Nemours, comte de la Marche*, décapité en 1477 par ordre de Louis XI.

C'est une compilation rédigée, en 1458, sur l'ordre de Louis de Laval, gouverneur du Dauphiné, par son clerc Sébastien Mamerot, de Soissons, auteur aussi de l'ouvrage connu *les Passages d'outremer*. Le compilateur a pris comme base de son travail un remaniement de la célèbre chronique latine de Martinus Polonus, du XIIIe siècle, consacrée à l'histoire des papes, des empereurs et autres souverains modernes, remaniement entrepris et continué jusqu'en 1330 par Bernard Gui (*Guidonis*), inquisiteur à Toulouse, puis évêque de Lodève, dans lequel se trouve ajoutée une histoire des Romains, et subsidiairement celle des Troyens et des Juifs. C'est dans cette œuvre que figure

1

pour la première fois avec quelques détails l'histoire légendaire de la *Papesse Jeanne*. A la suite de la continuation de Bernard Gui, vient celle que le traducteur Mamerot attribue à un Verneron, chanoine de Liège, et qui s'arrête avec l'année 1371 ; puis une autre continuation, jusqu'à la mort du pape Clément V (1394), due à un anonyme, contemporain des événements qu'il raconte, et qui fut probablement un religieux dominicain d'Avignon. Dans tout le cours de sa compilation, Mamerot intercala de nombreux extraits des *Chroniques dalphinalles*, contenant de précieux renseignements d'économie rurale et autres. Le volume, qui commence par un *Prologue sur la translacion des Croniques martiniennes*, se termine par ces mots : *Cy finissent les Croniques martiniennes. Deo Gratias*. C'est ce texte même qui a été imprimé, vers 1503, par Antoine Vérard, à Paris, avec une ample continuation, sous le titre de *Chronique martiniane;* mais cette publication a été faite sans soin et d'après un mauvais manuscrit. La compilation de Mamerot ne doit pas être confondue avec plusieurs ouvrages français du XIVᵉ siècle portant aussi le même titre, mais bien distincts de la présente œuvre.

Parmi les vingt-quatre miniatures qui ornent ce beau livre, quatorze se rapportent à l'histoire ancienne ; les dix autres ont pour sujets : *1° Mahomet enseignant sa doctrine; 2° Messagers de Pépin le Bref arrivant à Rome; 3° Baptême de Roux et de son cousin Gelloux, ducs de Normandie; 4° Henri IV, empereur d'Allemagne, devant Rome ; 5° Louis VII, roi de France, devant le pape Eugène III; 6° Exécution d'Artus, comte de Bretagne, en présence de Jean-sans-Terre; 7° Philippe-Auguste engageant la bataille de Bouvines; 8° l'Archevêque de Narbonne et un évêque, escortés de soldats, se rendant à Toulouse; 9° Edouard III, roi d'Angleterre, recevant la rançon pour la mise en liberté de Jean le Bon, roi de France; 10° le roi Jean s'en retournant en France.* Les peintres de ces miniatures appartiennent à l'École de Touraine. Certaines d'entre elles décèlent des qualités supérieures de composition et de rendu. Tout y est bien ordonné, clair et lumineux; tous les détails sont bien précisés, l'effet pittoresque est bien compris.

Jacques d'Armagnac, duc de Nemours, pour qui ce volume a été fait, fut, dit l'éminent administrateur général de la Bibliothèque nationale, M. Léopold Delisle, « l'un des princes les plus « magnifiques de son temps. Son amour des arts et des lettres

« nous est révélé par les admirables manuscrits dont il déco-
« rait ses châteaux, et dont beaucoup sont encore reconnais-
« sables, malgré les soins que prirent les nouveaux proprié-
« taires d'effacer les armes et la signature du malheureux dont
« ils s'étaient partagé les dépouilles ». *(Cabinet des manuscrits,*
t. I, p. 86.)

Les armes de cet illustre bibliophile, déjà bien effacées, mais
encore suffisamment lisibles, sont peintes au bas de la première
page, au milieu d'une riche bordure : *Écartelé : aux 1 et 4, de*
Bourbon, *à la bande chargée de trois lionceaux d'argent; aux
2 et 3, d'*Armagnac. *qui est : écartelé, aux 1 et 4, d'argent
au lion de gueules* (Armagnac): *aux 2 et 3, de gueules au
léopard lionné d'or* (Rhodez). Au verso du dernier feuillet,
figurent les indications que Jacques d'Armagnac avait l'habitude
de faire mettre sur ses livres, c'est-à-dire le titre de l'ouvrage,
le nombre de feuillets et celui des miniatures : *Martinienne. En
ce livre a CCXXXVJ feulhes, histoires XXIIIJ.* Le volume
est donc bien complet. Le reste de l'inscription, constatant à
qui il a primitivement appartenu, a été soigneusement gratté,
mais un réactif chimique a permis de faire revivre quelques
lambeaux de la portion disparue, où l'on peut lire : *Est au duc
de Nemours... comte de la Marche*, puis, au dessous, apparaît
sa signature : Jacques, en grosses lettres.

Pour bien caractériser le grand rôle que ce prince, qui n'avait
que quarante ans au moment de sa mort, a joué dans le domaine
de la bibliophilie, il suffit de rappeler que c'est pour lui que le
célèbre Jehan Fouquet exécuta neuf admirables miniatures qui
décorent le manuscrit de Flavius Josèphe, conservé à la Bibliothèque nationale. Les destinées de sa riche bibliothèque ne sont
pas exactement connues. M. L. Delisle a signalé la présence
d'une soixantaine de volumes en provenant parmi les manuscrits de la Bibliothèque nationale, et une huitaine de volumes
dans d'autres bibliothèques. Celui-ci était resté complètement
ignoré jusqu'à présent. Dans la seconde moitié du XVIe siècle,
il a appartenu à Claude d'Ogerolles-Thelis, d'une famille du
Forez, qui a consigné d'intéressants renseignements historiques
et autres sur les marges. Au XVIIIe siècle, il a passé par les
mains de plusieurs personnages de Dijon : J. du Tilliot (1712),
qui a possédé des manuscrits importants: Lantin, conseiller au
parlement (1758); Demigieu (1759).

Publii Virgilii Maronis

OPERA OMNIA

In-8° ; veau brun ornements et encadr. sur les plats, tr. dor.
(*Reliure du XVIe siècle*).

(Vendu.

Manuscrit sur vélin, exécuté vers 1430, et précieux en ce qu'il constitue l'une des rares épaves de la célèbre bibliothèque d'un des plus grands princes bibliophiles du XVe siècle, du *Bon Roi* RENÉ D'ANJOU, d'abord duc de Bar et de Lorraine, ensuite duc d'Anjou, comte de Provence, roi de Naples, de Sicile et de Jérusalem. Les armes de ce prince, qui fut lui-même un éminent artiste et littérateur, sont peintes dans deux initiales, l'une placée en tête des pièces préliminaires de l'*Enéide*, l'autre deux feuillets plus loin, au début du poème lui-même. Ces armes sont : *Tiercé en pal; au 1er*, DE HONGRIE ; *au 2e*, D'ANJOU-SICILE; *au 3e*, DE JÉRUSALEM; *au 1er, de la pointe*, D'ANJOU *moderne; au 2e*, DE BAR; *au 3e*, DE LORRAINE ; *au lambel de trois pendants de gueules en chef*.

Aux douze livres de l'*Enéide*, de Virgile, on a ajouté ici un treizième livre, composé par le poète italien Maffeo Vegio, en 1428, addition terminée par cette rubrique :

Explicit liber decimus tertius Eneidos editus a Maffeo Vegio Laudensi (de Lodi) *poeta laureato in Papia* (à Pavie) *compositus septimo idus octobris* (9 octobre), *anno 1428*.

En raison de cette date il est clair que le présent manuscrit, très étendu, très soigneusement écrit, et orné de ravissantes initiales en or et en couleurs, n'a matériellement pas pu être exécuté avant l'année 1429. D'autre part, les armes de *René d'Anjou* ne sont encore que celles qu'il portait en qualité exclusive de duc de Bar et de Lorraine, et le *lambel* qui y figure et qui constitue une brisure de *cadet*, témoigne que son frère aîné Louis, auquel il succéda, le 12 novembre 1434, comme roi de Naples, de Sicile, etc., vivait encore au moment de l'achèvement de ce volume, dont la date d'exécution se place ainsi forcément entre 1429 et le mois de novembre de 1434. Le duc René étant devenu prisonnier du duc de Bourgogne en juillet 1431, tout porte à croire que le présent manuscrit était déjà entre ses

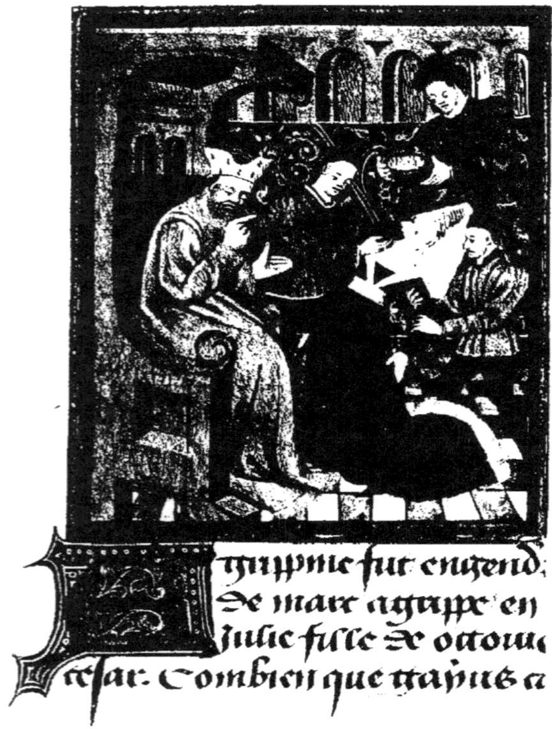
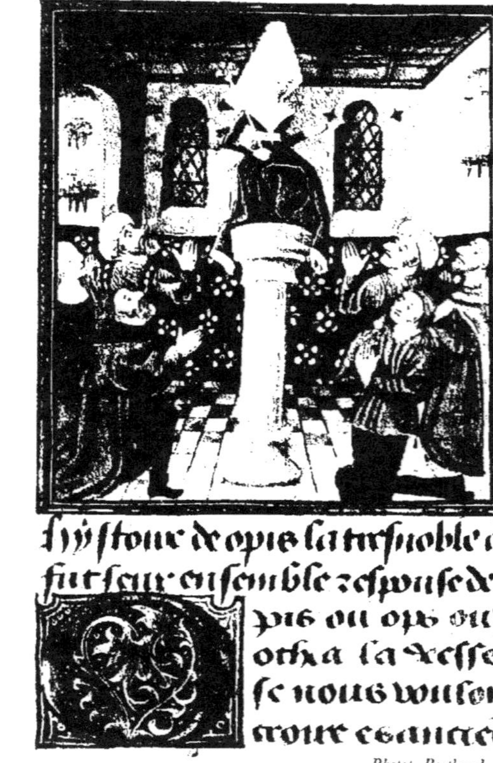

N° 3. I. Boccace, Le Livre des Clères et Nobles femmes. Manuscrit du XVe Siècle.

mains avant cette date, et sans doute même dès 1429. A ce moment René avait environ vingt ans, et il était remarquablement instruit.

M. Léopold Delisle constate (*Cabinet des manuscrits*, tome I, pp. 55-56) qu'on ne connaît que *quelques volumes* provenant de la splendide bibliothèque formée par le Bon Roi Réné; celui-ci en constitue donc un souvenir précieux. (Voir aussi Lecoy de la Marche, *le Roi René*, tome II, pages 182 et suiv.).

En 1527, ce volume appartenait déjà au célèbre chancelier de France, Antoine du Prat, archevêque de Sens, qui fit peindre autour du texte de la première page un joli encadrement à fleurs et insérer dans la grande initiale ses armes : *d'or à la face de sable accompagnée de trois trèfles de sinoples 2 et 1.* Ces armes sont encore répétées au bas, dans un rond ménagé dans la bordure; elles y sont surmontées du chapeau de cardinal (mais avec dix houppes seulement, au lieu de quinze, de chaque côté), et la croix cardinalice passe derrière l'écusson.

On ne connaît encore que trois autres manuscrits ayant appartenu au chancelier du Prat.

N° 3

J. Boccace

LE LIVRE DES CLÈRES & NOBLES FEMMES

In-fol., de 66 feuillets ; cuir brun, à compartiments à froid ;

tranches rouges.   10,000 fr.

Précieux manuscrit du milieu du XV° siècle, sur vélin, orné de quarante-et-une miniatures.

Ce livre ne doit pas être confondu avec une autre œuvre du même auteur, écrite en latin sous le titre de : *De Casibus Virorum et Fœminarum illustrium*, et dont il a été publié deux traductions françaises au XVe siècle, l'une anonyme, intitulée : *De la Ruyne des Nobles Hommes et Femmes* (Bruges, Colard Mansion, 1476, gr. in-fol.); l'autre, faite en 1409, par Laurent de Premierfait, secrétaire de Jean, duc de Berry, et imprimée d'abord sous ce titre : *Des Cas des Nobles Hommes et Femmes infortunez* (Paris, J. Dupré, 1483, pet. in-fol.), puis sous celui-ci : *Des Nobles malheureux* (Paris, A. Vérard, 1494, gr. in-fol.).

L'œuvre comprise dans le présent manuscrit a été, comme la précédente, composée par Boccace vers la fin de sa vie, sur le conseil de son ami Pétrarque, et rédigée également en latin, sous ce titre : *de Claris Mulieribus.* L'original en a été publié à Ulm, en 1473, avec de curieuses figures sur bois. Antoine Vérard en fit paraître, en 1493, une traduction française, sous ce titre : *De la Louenge et Vertu des Nobles et Cléres Dames,* traduction qui est un rajeunissement profond de la version dont nous avons ici le texte primitif et dont la rédaction remonte au début du XVe siècle.

Le présent volume s'ouvre par cette rubrique, placée en tête d'une épître dédicatoire : *Cy commence le liure que fist ‖ Jehan bocace de certalde des clères ‖ et nobles femmes leql il en-voya ‖ à andrée des actioroles de florēce ‖ contesse de haulte-ville. Le pmier ‖ chapre ouql est mis le prohème.*

Le véritable nom de cette *Andrée des Actioroles, comtesse de Haulteville,* à laquelle Boccace a dédié cette œuvre, est Andrea de' Acciajuoli, comtesse d'Altavilla, de la grande famille florentine des Acciajuoli dont une branche transplantée à Naples finit par se rendre maîtresse, au XIVe siècle, de presque toute la Grèce, où elle se maintint jusqu'à la conquête musulmane. (Voir Litta, *Famiglie celebre italiane.*)

L'épître dédicatoire commence ainsi : « Deuant hier moy « estant vng petit distrait et séparé du simple et moins expert « peuple commun et bien près despéchié de toutes autres cures, « ay escript, compilé ét ramené en ung petit liure les nobles et « tres grans fais des femmes, qui est plus a la grant loenge « du sexe feminin et du soulas des amis d'iceulx que au grant « proufit de la chose publique. »

A la suite de la dédicace vient le prologue, où Boccace expose longuement le but de son œuvre et sa nature, et fait connaître les sources d'après lesquelles il l'a rédigée.

Cette histoire des femmes célèbres se borne presque exclusivement à celles de l'antiquité, sans exclure même la mythologie.

Le volume est terminé par une postface où l'auteur explique pourquoi il n'a presque pas touché aux célébrités féminines modernes, et ce dernier chapitre finit ainsi : « Car certes tressou-« vent l'opperateur est deceu non seulement par l'ignorance des « choses, mais l'affection qu'il a trop grande à son œuvre, de la

« quelle se ainsi faicte l'ay, je me duel et repens et prie par
« l'onneur vénérable des estudes honnestes que ce qui moins
« s'est fait, les hommes, plus prudens, portent et endurent de
« bon courage. Et se en iceulx est aucun esperit de humble
« charité, que en accroissant ou diminuant les choses moins
« bien escriptes ilz les corrigent et amendent, à ce que plus tost
« celle œuvre soit apperte ou bien d'aucun, que icelle au prou-
« fit de nullui desc[h]irée par les dens des envieux périsse et
« viengne à néant. »

Les manuscrits de cette traduction française sont extrêmement
rares et on peut dire qu'ils sont tous immobilisés dans les
grandes bibliothèques publiques. Le présent exemplaire, quoique
incomplet, emprunte un intérêt tout particulier à sa belle illustration. Les miniaturistes qui l'ont décoré ne se sont nullement,
bien entendu, préoccupés du caractère antique du sujet de l'œuvre, et tous les personnages qu'ils avaient à mettre en scène, ils
les représentèrent sous l'aspect extérieur et dans des conditions
de la vie matérielle de leur propre temps. C'est pourquoi nous
avons ici une véritable et précieuse galerie du costume civil et
militaire du XV° siècle, des deux sexes et de toutes les conditions sociales, ainsi que de nombreux détails touchant le mobi-
lier de l'époque, l'architecture, la navigation, les beaux-arts, non
moins que certaines particularités de la vie privée.

Le volume commence par une grande miniature, occupant
presque la moitié de la page, et divisée en deux parties verti-
cales. Dans la première, Boccace est représenté dans son cabinet de travail; dans la seconde, il offre à genoux un exemplaire
de son œuvre à l'illustre comtesse, richement parée et entourée
de trois dames ou demoiselles d'honneur. L'auteur est vêtu de
la robe du prêtre et tonsuré, et c'est ainsi en effet qu'il était
costumé, en signe de repentir pour les débordements de sa jeu-
nesse. Cette première page est encadrée d'une belle bordure à
rinceaux et à fleurs. La seconde miniature nous montre encore
l'écrivain dans son cabinet de travail et en costume identique.

Dans les autres miniatures, on remarque de nombreuses va-
riétés des coiffures féminines des règnes de Charles VI et de
Charles VII, depuis des atours en auvent et les hauts bonnets,
jusqu'aux simples chaperons, ainsi qu'un costume de veuve
(f. 51). Parmi les peintures d'un caractère plus intime, nous
signalerons : une *Cérémonie de mariage* (f. 30), une *Baignoire*
(f. 57), un *Repas* (f. 20), une *Chambre à coucher* (f. 53), une
Chambre de réception (f. 48), un *Seigneur à cheval* avec une

dame en croupe (f. 12). *Agrippine, mère de Néron*, est représentée dans une attitude peu décente, mais elle a pour son excuse que ce n'est pas sa faute si un centurion « lui découvrit son ventre » pour l'y frapper et la faire mourir ainsi (f. 54). Puisque nous parlons des souffrances physiques, mentionnons encore une *Chambre de tortures* (f. 26) et une *Prison* (f. 56).

De curieux modèles de navires se voient aux feuillets 10, 30 et 40. Les costumes militaires abondent.

Nous appelons une attention toute particulière sur deux miniatures, en raison des sujets qu'elles représentent. L'une d'elles, (f. 33) nous montre l'intérieur d'un *atelier de peinture* où une riche dame achève le portrait en pied d'une jeune fille. L'autre, en regard, nous fait assister, en plein air, à des *travaux de sculpture* et à la taille de pierres sous la direction d'un architecte. Des sujets semblables figurent très rarement dans les manuscrits.

L'art de toutes ces miniatures est bien parisien. Elles se font surtout remarquer par l'agrément de la composition et le groupement pittoresque des personnages. Certaines d'entre elles frappent par la vigueur de l'expression et décèlent la main d'un artiste expérimenté. Le paysage est encore d'une conception naïve et n'en offre que plus de charme.

La partie purement décorative complète l'ensemble, d'un aspect fort riche. Ce sont d'abord de grandes initiales en or plaqué sur des fonds en couleur garnis de dessins variés. Ce sont ensuite, particularité rare, de petits croquis à la plume sur les marges, dérivés des fioritures calligraphiques et représentant des têtes grotesques enlevées vigoureusement et fort amusantes.

En un mot, ce manuscrit, charmant en tous points, est digne d'un véritable bibliophile. Il a dû être exécuté pour un grand personnage, mais qui n'y a laissé aucun témoignage de sa possession.

Des mentions de décès inscrites sur un feuillet de garde nous apprennent que depuis le milieu du XVe siècle, ce volume a appartenu à la famille méridionale de Sobiras, qui le possédait encore en 1634.

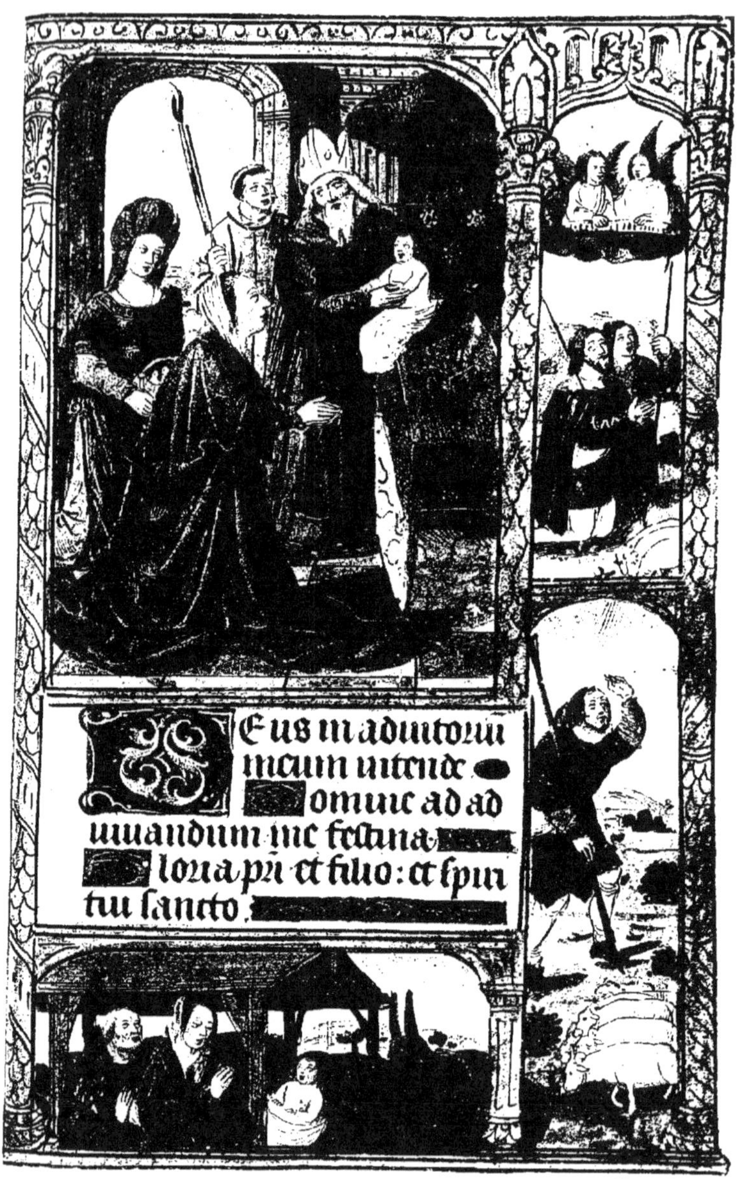

Photot. Berthaud.

Nº 4. *Livre d'Heures Parisien. Manuscrit du XVᵉ Siècle.*

Livre d'Heures Parisien

In-8, de 144 feuillets; veau fauve, tr. dor., dans un étui

(*Rel. du XVe siècle*).   8,000 fr.

Superbe manuscrit sur vélin, exécuté vers 1480, décoré avec un luxe exceptionnel, et orné de *vingt-quatre miniatures* au calendrier, de *dix-sept miniatures* à mi-page et de *onze minia-tures* à pleine page avec *dix-sept sujets accessoires*, ce qui offre un ensemble de *soixante-neuf peintures*.

Celles du calendrier représentent les signes du zodiaque et les occupations propres à chaque mois à la campagne, ce qui nous fait passer en revue une série de costumes de l'époque pour les deux sexes.

Les miniatures réparties dans le texte offrent les sujets sui-vants : 1 à 4, *les Evangélistes;* — 5º *la Vierge avec l'Enfant Jésus, accompagnée de deux anges musiciens:* — 6º *le Corps de Jésus sur les genoux de sa Mère, assistée de S. Jean et des saintes femmes;* — 7º *l'Arbre de Jessé,* sujet à pleine page, quoique divisé en plusieurs compartiments par l'encadrement architectonique; — 8º *la Visitation de Sainte Elisabeth,* sujet à pleine page, dont la partie inférieure représente *la Vierge et S. Joseph en route;* — 9º *la Nativité de Jésus-Christ,* sujet à pleine page, dont la partie inférieure représente *la Vierge et S. Joseph arrivant à l'étable;* — 10º *l'Annonciation aux ber-gers,* sujet à pleine page; dans le bas, *Bergers et bergères dan-sant au son de la musette;* — 11º *l'Adoration des Mages;* — 12º *la Présentation de l'Enfant Jésus au Temple,* sujet à pleine page, ayant pour scènes accessoires, dans les marges : *l'Annon-ciation aux bergers* et *la Nativité;* — 13º *la Fuite en Egypte,* ayant pour sujets accessoires plusieurs scènes du *Massacre des Innocents;* — 14º *la Vierge, Reine des cieux, devant le trône de Dieu le Père,* sujet à pleine page; — 15º *David jouant de la harpe devant le roi Saül,* sujet ayant pour scènes accessoires: *David tuant Goliath* et *David portant triomphalement la tête du géant;* — 16º *Jésus en croix,* sujet ayant pour scènes ac-cessoires : *Jésus devant Pilate* et *le Portement de croix;* — 17º *la Descente du Saint-Esprit,* avec trois sujets accessoires

Dispersion des Apôtres, un Apôtre prêchant, Baptême des néophytes; — 18° *la Résurrection de Lazare,* sujet à pleine page, représentant dans la partie inférieure : *la Mort frappant un pape, un empereur et un évêque;* — 19° *la Sainte Trinité;* — 20° *S. Michel;* — 21° *S. Jean-Baptiste;* — 22° *S. Jean l'Évangéliste;* — 23° *S. Sébastien;* — 24° *S. Pierre et S. Paul;* — 25° *Sainte Anne apprenant à lire à la Sainte Vierge;* — 26° *Sainte Catherine;* — 27° *Sainte Barbe;* — 28° *Sainte Marguerite.*

Ces peintures sont l'œuvre d'artistes expérimentés, plusieurs y ayant collaboré, selon l'usage. Celui qui a fait certains grands sujets a fait preuve d'une réelle entente de la composition, et visiblement ce ne fut pas un copiste, car il cherche toujours à innover et à s'écarter autant que possible des moules hiératiques. La recherche du pittoresque et de l'effet de l'ensemble y va de pair avec la préoccupation de rendre saisissante l'âme de la scène représentée. Chaque physionomie est empreinte du sentiment approprié et frappe par l'intensité de l'expression. Tantôt la finesse y est sacrifiée à la vigueur de touche et à la liberté d'allure; tantôt, lorsqu'il s'agit des sujets supra-terrestres, le peintre s'idéalise et modèle ses têtes avec plus de suavité. On n'a qu'à remarquer à cet égard la délicieuse figure de la Vierge agenouillée devant Dieu le Père. Le dessin est à la hauteur de la composition et les mains sont généralement étudiées avec soin, parfois rendues avec une rare habileté. Chaque fois que le sujet s'y prête, l'artiste ne manque pas de montrer son savoir-faire pittoresque, et il y a lieu d'appeler l'attention sur la manière peu commune dont il traite parfois le paysage, comme par exemple dans la peinture qui décore le mois d'*avril* ou dans celles du mois de *mai.* Avec peu d'efforts il obtient des effets séduisants, et il se montre le précurseur des impressionnistes.

C'est de l'art bien français, sans influence étrangère, dérivé directement de l'étude attentive de la nature. C'est même de l'art parisien, et ce qui le prouve, c'est que les noms des saints patrons et des saintes patronnes de la cité parisienne, tels que : *Sainte Geneviève, S. Éloy, S. Louis, S. Denis, S. Marcel, S. Martin,* sont écrits exceptionnellement en lettres d'or dans le calendrier. Le nom de sainte Geneviève y figure même ainsi deux fois : le 3 janvier et le 26 novembre, ce dernier jour étant celui de la dédicace de son église.

Il arrive parfois que dans la miniature représentant *S. Luc,* l'évangéliste, *le patron des peintres*, l'artiste donne son propre portrait, ou bien qu'il y met son monogramme, ses initiales ou son nom. Dans le présent volume, la figure de S. Luc n'a rien de particulièrement caractéristique, mais, dans la bordure du lambris, il s'y trouve une inscription, ce qui n'a pas lieu dans les images des deux autres évangélistes, représentés également dans des intérieurs, de sorte que cette inscription devient significative. On y lit le mot *Ourmoir*, suivi des lettres M. R. et d'autres mots moins bien formés, où l'on voit cependant assez distinctement *Nemour*. Il soit donc fort possible, sans qu'on puisse l'affirmer, qu'*Ourmoir* est le nom du peintre ou du chef d'atelier où ces peintures ont été exécutées. De plus longues recherches conduiraient peut-être à un résultat à cet égard.

Mais la richesse de ce volume est surtout décorative. Toutes les pages en abondent. Celles du calendrier portent une bordure ornementée sur deux côtés aux rectos et sur un seul côté aux versos, comme à toutes les pages de texte. La plupart des miniatures sont enchâssées dans un cadre complet ; les autres n'ont qu'un cadre architectonique. L'ornementation de ces bordures est variée à l'infini, au point qu'il n'y en a même pas deux qui soient complètement identiques, et il y en a comme cela plus de 280 ! Les éléments en sont très simples : des rinceaux polychromes, des fleurs, des fruits, puis des oiseaux, des insectes, des animaux fantastiques. Mais quel talent décoratif dans la combinaison de ces éléments et quelle puissance d'invention ! A côté des pages un peu touffues et légèrement monotones, malgré leur diversité, en raison de la surabondance de l'or, il en apparaît d'autres, où l'on a ménagé des espaces multiformes à fond blanc découpant celles à fond d'or, et se combinant harmonieusement en guise d'émanches, de triangles, de chevrons, de tierce-feuilles, de bandes, et d'une foule d'autres formes enfantées par une imagination fertile. Il serait superflu de s'ingénier à rendre tous les aspects de cette décoration extraordinaire dont des exemples semblables ne se rencontrent que dans des manuscrits exceptionnels : il faut la voir. Et si ce volume ne peut pas avoir la prétention de rivaliser avec des monuments de l'art du miniaturiste et des chefs-d'œuvre peu nombreux d'ailleurs, il se place à un rang des plus honorables parmi les belles œuvres décoratives du XVᵉ siècle, ce qui est déjà considérable.

Il a encore un attrait bien sensible. Tandis que beaucoup de manuscrits se présentent à nous fraîchement habillés, mais écrasés sous l'enveloppe lourdement éclatante et dépourvue de goût, sortant même souvent des mains de faiseurs de renom ; celui-ci a sa simple robe de première communion avec le monde, sans autre ornement qu'un modeste filet. Cette enveloppe, quoique protégée par un étui, a légèrement souffert depuis quatre siècles, mais elle est infiniment préférable, dans sa candeur primitive, aux reliures modernes.

N° 5

Livre d'Heures

DU DIOCÈSE DE ROUEN

Pet. in-8, de 81 feuillets ; mar. rouge,
comp. en or et à froid, **tr. dor.** (Trautz-Bauzonnet)

6,000 fr

Précieux manuscrit sur vélin, exécuté vers 1470, et orné de *treize miniatures* à pleine page, avec des sujets accessoires, ce qui représente en réalité *trente-huit miniatures* distinctes.

Il débute par un calendrier, en français, écrit en or, carmin et azur. L'examen des indications hagiologiques de ce calendrier démontre que ce charmant volume a été fait pour quelqu'un du diocèse de Rouen. En effet, le scribe, tout en laissant nombre de jours sans y inscrire aucun nom, n'a nullement oublié les saints patrons de la ville de Rouen et de son diocèse. C'est ainsi qu'au mois d'avril, on y trouve : *saint Hue, archevesque,* qui est *saint Hugues, archevêque de Rouen* ; en mai, est marqué le jour de la translation des reliques de *saint Ouen, évêque de Rouen* ; en juillet, on a rappelé la fête de la translation des reliques de *S. Evod* (ou Yved), *de Rouen* ; enfin, le nom de *S. Romain, évêque de Rouen,* est écrit exceptionnellement en lettres d'or (octobre), luxe réservé ici pour l'indication des fêtes des saints ou des saints intéressant toute la chrétienté, et, en plus de cela

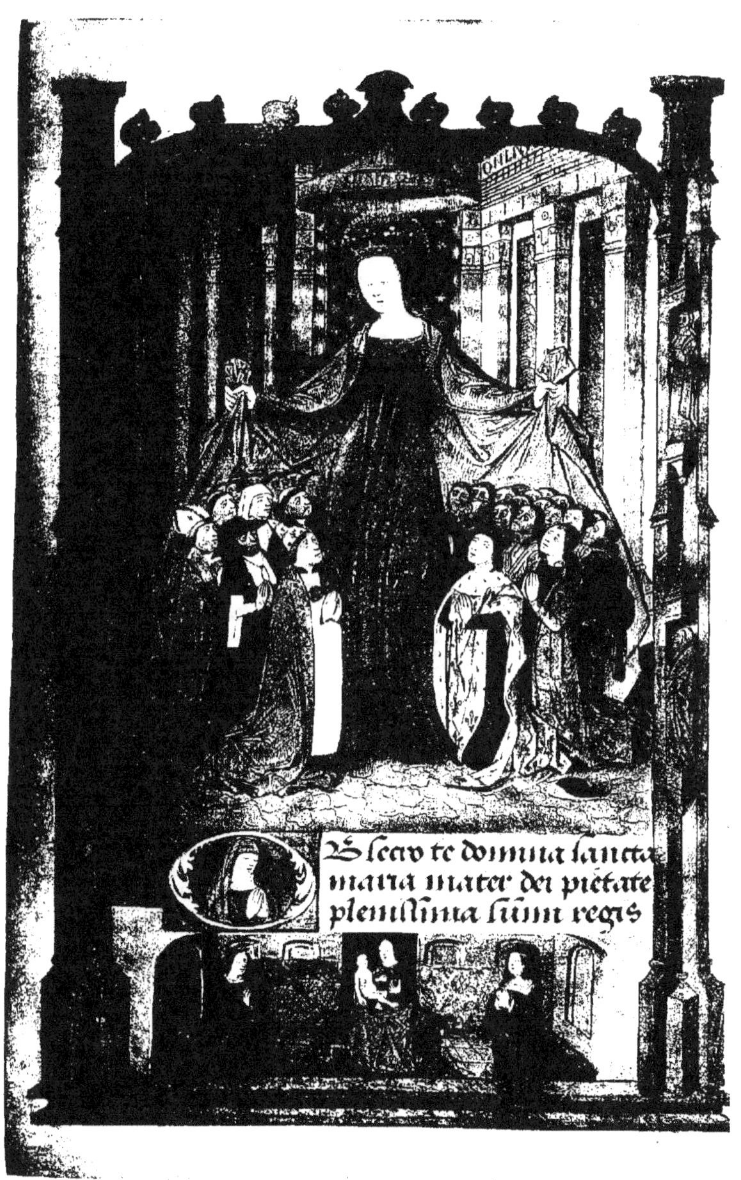

Photot. Berthaud.

N° 5. Livre d'Heures du diocèse de Rouen.

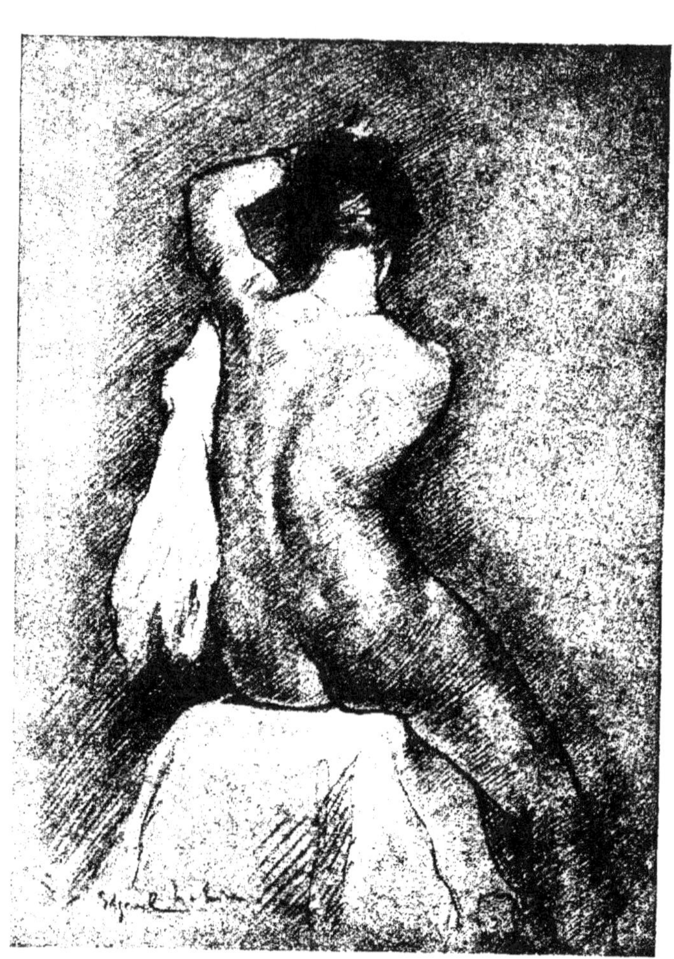

on y a marqué l'octave de sa fête et celle de la translation de ses reliques (juin) Les noms de ces saints figurent également dans la litanie, ce qui est concluant.

Les personnages pour lesquels ce livre de messe a été exécuté, probablement à l'occasion de leur mariage, sont représentés en prière devant la sainte Vierge, au bas de la seconde miniature. C'est un jeune seigneur avec son épouse, costumés assez simplement, selon les habitudes sévères introduites sous le règne de Louis XI. Lui, est vêtu d'une longue robe noire de cérémonie qui laisse voir un justaucorps écarlate; elle porte une robe cramoisie à larges manches et une coiffe noire dont le dessus est plat. Malheureusement rien dans ce volume ne permet de nommer ce noble couple normand. Tout ce que l'on peut dire se borne à la certitude que c'étaient des personnages importants, à en juger par la valeur artistique de ce livres d'heures, dont l'exécution dut coûter fort cher.

Tout d'abord il y a à remarquer que les miniatures qui le décorent sont loin de la banalité des sujets et du rendu de celles des manuscrits de fabrique. Ce sont bien ce qu'on appelait alors *les histoires riches*. Chacune d'elles occupe la page entière, avec une scène corollaire, séparée généralement par quelques lignes de texte, et une petite miniature renfermée dans une grande initiale.

La première miniature, divisée en quatre compartiments, représente les *Quatre Evangélistes*, et dans le bas, *le Martyre de S. Jean-Porte-Latine*.

Dans la seconde, la *Vierge protectrice* abrite sous son manteau, d'un côté, le monde ecclésiastique, ayant à sa tête un pape, un cardinal et un évêque, et, de l'autre, le monde civil, avec le Roi de France au premier plan. L'initiale renferme le buste de la Sainte Vierge, et, dans le bas, sont représentés les premiers propriétaires de ce volume, dont nous avons déjà parlé. La précision des traits de leur visage et la finesse du pinceau témoigne que l'artiste a eu la préoccupation de faire ici deux portraits. (Voir la reproduction de cette belle page.)

La troisième peinture représente *le Corps de Jésus-Christ étendu aux pieds de sa mère, accompagnée de saintes femmes et de S. Jean*. Dans l'initiale, buste de *Sainte Vierge jeune*. Dans le bas, *quatre Anges portant les instruments de la Passion*.

La quatrième peinture a pour sujet: *Dieu le père apparaissant dans un buisson ardent à Moïse*. Dans l'initiale, *Gédéon à genoux et la toison.* Dans le bas, l'*Annonciation à la Vierge,* dont l'artiste a éprouvé le besoin de désigner le sujet par une inscription *(L'annũciacium nostre Dame).*

La cinquième offre un sujet bien rarement représenté. Dans une prison, un vieillard, les jambes prises dans un étau en bois et les pieds enchaînés, tend un calice vers une grappe de raisin faisant partie d'une superbe treille placée derrière lui. L'inscription nous annonce que c'est : *Le boutillier Pharaon.* Au dehors, un roi accompagné d'une suite, c'est : *Le roy Pharaon.* Ce grand échanson rêva dans sa prison qu'il recueillait le jus d'une grappe de raisin dans la coupe de son souverain, songe que Joseph, son compagnon de geôle, lui expliqua comme signifiant sa prochaine mise en liberté et sa rentrée en grâce auprès du Pharaon d'Egypte. Dans l'initiale, *Sainte Vierge en pied.* Dans le bas, *La Visitation de Sainte Elisabeth.*

La sixième peinture représente *la Sybille Tiburtine prédisant à l'empereur Octavien Auguste la venue de Jésus-Christ.* Dans l'initiale, *un berger jouant de la cornemuse.* Dans le bas, *la Nativité de Jésus-Christ.*

La septième a pour sujet *la Vision de Jacob* (dite *l'Echelle de Jacob*). Dans l'initiale, *un berger jouant de la cornemuse.* Dans le bas, l'*Annonciation aux bergers.*

La huitième représente l'*Annonciation aux rois Mages.* Dans l'initiale, une scène du *Massacre des Innocents.* Dans le bas, l'*Adoration des rois.*

La neuvième nous fait assister au *Sacrifice d'Abraham.* Dans l'initiale, le *Baptême de Jésus-Christ.* Dans le bas, la *Présentation de l'Enfant Jésus au temple.*

La dixième est un charmant petit tableau, ayant pour sujet la *Visite de la reine de Saba,* suivie d'un cortège de jeunes filles, *chez le roi Salomon.* Dans l'initiale, buste de *Sainte Vierge.* Dans le bas, *la Sainte Vierge,* couronnée par un ange, *devant le trône de Dieu le Père.*

La onzième, très séduisante, représente *Bethsabée au bain.* Dans le lointain, *David tuant Goliath.* Dans l'initiale, *le roi David en prière.* Dans le bas, *la bataille de Jéricho et la mort d'Urie,* époux de Bethsabée. Les combattants, à cheval, sont en costumes du règne de Louis XI.

La douzième peinture, placée en tête des Heures de la Croix, représente le *Martyre d'Isaïe par ordre de Manassés.* Dans l'initiale, le même *Isaïe.* Dans le bas, *Jésus en croix.*

La dernière offre un intérêt tout particulier : elle représente *la Construction de la tour de Babel,* avec tout l'outillage de maçonnerie au XVe siècle. Sur le devant un guerrier colossal, armé d'une hallebarde ; l'inscription l'appelle *Nébroth,* ce qui veut dire *Nemrod,* le prétendu fondateur de Babylone. Dans l'initiale, *Moïse recevant les tables de la loi.* Dans le bas, *la Descente du Saint-Esprit.*

Toutes les miniatures sont renfermées dans des cadres architectoniques variés, à l'exception d'une seule, qui est entourée d'une bordure à fleurs et à fruits. L'aspect général du volume est riche, grâce à une profusion de petites initiales en or et en couleur et de bouts de lignes enluminés.

Deux artistes d'un talent inégal semblent avoir concouru à l'exécution des peintures. Le plus habile est l'auteur de la belle page de *Vierge protectrice,* avec les portraits des propriétaires du manuscrit ; du *Christ mort,* de la *Reine de Saba,* et de la délicieuse figure de *Bethsabée,* aux cheveux d'or et à la carnation marmoréenne. La science du dessin, vraiment remarquable surtout dans le nu et dans la représentation des extrémités, ce qui est la pierre de touche de l'art à cette date ; la belle ordonnance de la composition, l'harmonie du coloris, et par-dessus tout une étonnante vérité dans l'expression variée des sentiments que reflètent les visages, expression rendue naïvement, sans exagération ; tout cela dénote la personnalité d'un artiste de valeur. Il ne doit rien à l'influence flamande et la Renaissance ne l'avait pas encore touché : il appartient exclusivement à la forte école française, qui ne recherchait que la vérité du sentiment. Au point de vue du pittoresque, on y constate l'influence de l'Ecole de Touraine dans les lointains bleuâtres de paysages accidentés, aux cours d'eaux sinueux et parsemés de villes et de châteaux fortifiés.

La conservation de ce beau volume est parfaite.

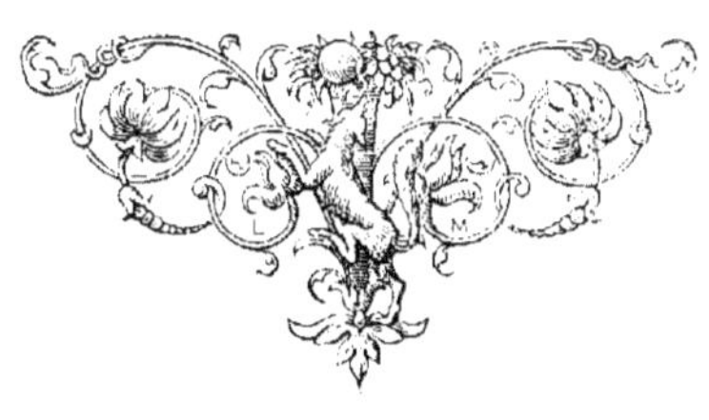

Livre d'Heures

DE L'ÉCOLE FLAMANDE

In-16, de 210 feuillets ; chagrin noir, orn. à fr., fermoir en argent
doré et ciselé, avec un cabochon d'agate.

1,000 fr.

Charmant petit manuscrit du milieu du XVe siècle, sur vélin,
orné de *quinze miniatures* et richement décoré.

La sobriété de noms inscrits au calendrier (il n'en contient
pas quatre-vingts) ne permet pas de préciser la contrée où ce
volume a été exécuté. A coup sûr il n'appartient pas à l'art
français, malgré certaines apparences trompeuses. La belle écriture du texte et le style des peintures sont bien flamands, mais
la décoration se ressent singulièrement de l'influence française.
On est autorisé à croire qu'il est sorti des mains des artistes ré-
sidant dans une localité des Flandres voisine du royaume de
France et où le culte du roi S. Louis était en honneur, ce qui est
attesté par l'inscription au calendrier du jour de sa fête : *S. Lu-
dovici regis Francie.*

Le contenu du volume n'est pas non plus conforme aux habitudes liturgiques de notre pays à cette époque. Il débute par les
Heures de la Croix, suivies de celles du Saint-Esprit, de la
Messe de la Sainte Vierge, des Heures de la Vierge selon l'usage
romain, des Sept Psaumes, de l'Office des morts, du Psautier de
S. Jérôme et de deux oraisons à la Sainte Vierge. Les peintures
représentent: 1o *Jésus en croix ;* 2o la *Descente du Saint-Esprit ;*
3o *la Vierge avec l'Enfant Jésus accompagnés de deux anges
musiciens ;* 4o *l'Annonciation ;* 5o *la Visitation de sainte Elisabeth ;* 6o *la Nativité de Jésus-Christ ;* 7o *l'Annonciation aux
bergers ;* 8o *l'Adoration des Mages ;* 9o *la Présentation au
Temple ;* 10o *le Massacre des Innocents ;* 11o *la Fuite en
Egypte ;* 12o *le Couronnement de la Vierge ;* 13o *le Roi David
en prière ;* 14o *la Résurrection de Lazare ;* 15o *S. Jérôme au
pied de la croix.*

Ces peintures charment par leur agencement pittoresque, par

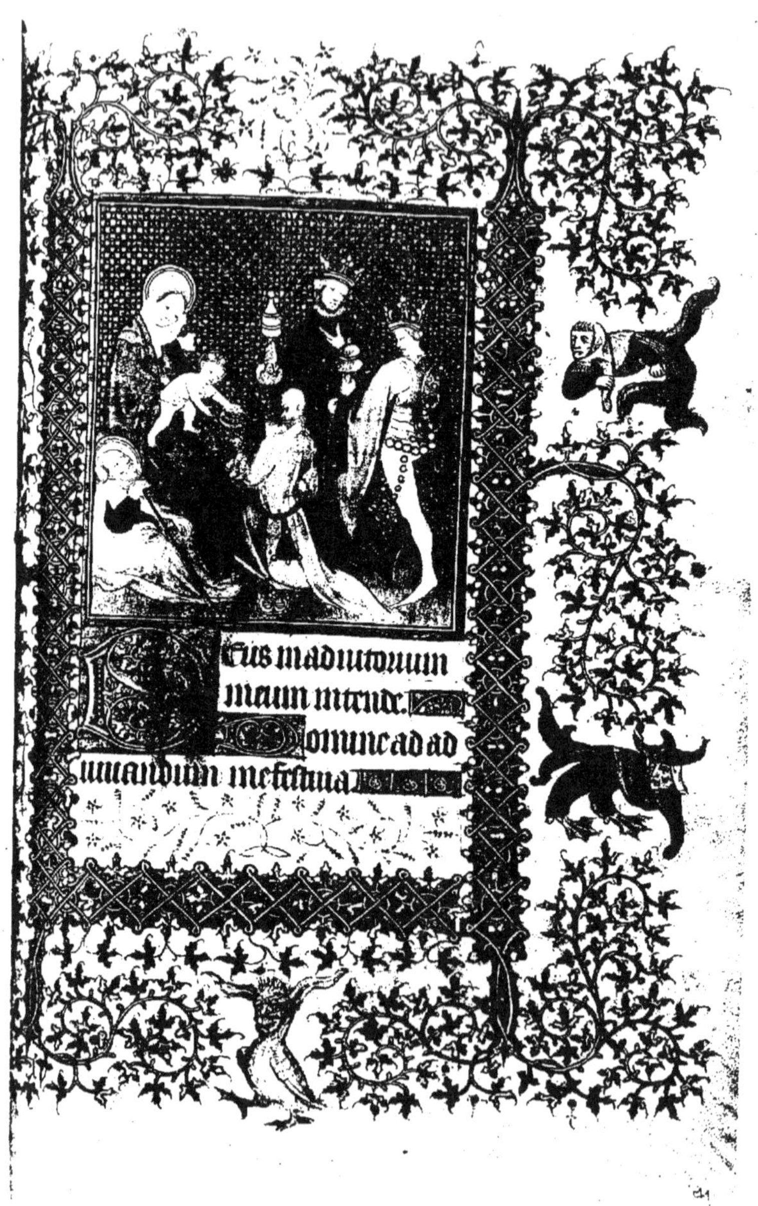

Photot. Berthaud.

N° 7. *Heures de Paris. Manuscrit du XIVe Siècle.*

leur facture soignée, et par le grand sentiment de piété qui y
est répandu. Elles sont enchâssées dans des encadrements d'un
effet séduisant, grâce à une habile association des rinceaux, de
la flore, des grotesques, etc., et surtout à l'harmonie douce des
couleurs. Les pages de texte en regard sont encadrées de même,
avec une grande variété d'ornementation. Nombreuses initiales
peintes où l'or brille d'un vif éclat. Excellente conservation.

Au XVe siècle déjà, ce joli manuscrit a appartenu à un Italien qui y a mis, à la fin, une longue prière dans la langue de
son pays.

N° 7

Heures de Paris

(En latin et en français). In-8, de 218 ff.; mar. brun, jans., tr. dor.
(*Trautz-Bauzonnet*).   5,000 »

Superbe manuscrit sur VÉLIN, exécuté dans la seconde moitié
du XIVe siècle, et orné de DIX-HUIT GRANDES MINIATURES, représentant : 1o à 4o *les quatre Evangélistes* ; 5o *l'Annonciation
à la Vierge*; 6o *la Visitation de sainte Elisabeth*; 7o *la Nativité de Jésus-Christ* ; 8o *l'Annonciation aux bergers*: 9o *l'Adoration des mages* : 10o *la Présentation au Temple* ; 11o *la Fuite
en Egypte* ; 12o *le Couronnement de la Vierge* ; 13o *Dieu le
Père entouré des symboles des évangélistes* ; 14o *Jésus en
croix, entre la Vierge et S. Jean* ; 15o *la Descente du Saint-
Esprit* ; 16o *la Vierge et l'Enfant Jésus* : 17o *le Jugement dernier* ; 18o *Sainte Marguerite*.

Cette dernière peinture est placée en tête d'un poème ayant
pour sujet la *Vie légendaire de Sainte Marguerite*, poème qui
occupe les vingt-cinq derniers feuillets (671 vers), commençant
ainsi :

> Après la sainte passion,
> Iesucrist à l'asancion
> Quant elz furent (*sic!*) es cieulx montés...

et finissant par ces vers :

> Parquoy nous puissions venir
> Lassus en paradis tout droit.
> Dites amen, que Dieu l'otroit.

Dans la miniature en question, devant la sainte est agenouillée

une dame d'une quarantaine d'années, vêtue d'un ample manteau rouge, à larges manches garnies de fourrure blanche, et
coiffée d'un bonnet blanc surmonté d'un atour en auvent. Nous
avons là le portrait, très fini, de la grande dame pour laquelle
ce manuscrit a été fait, et qui avait certainement le prénom de
Marguerite. Le portrait de la même personne figure encore dans
l'initiale du texte des « Heures de la Vierge » (f. 27).

Le calendrier, où les noms des principaux patrons de la ville
de Paris sont écrits en lettres d'or, indique bien l'origine parisienne de ce volume. Le nom de S. *Yves*, écrit de même, peut
marquer une dévotion spéciale, ou même l'origine bretonne du
scribe. Le grand style des peintures et des riches encadrements
la finesse remarquable de certaines d'entre elles, prouvent à
n'en pas douter que leur exécution est due aux artistes appar-
tenant à la grande école de miniaturistes du XIVe siècle, qu'on
est convenu de désigner sous le nom de l'Ecole des peintres du
duc Jean de Berry. Les figures ont souvent une suavité toute
italienne, jointe à une vigueur d'expression toute française. Les
fonds sont généralement à damier, avec l'adjonction parfois d'un
paysage encore rudimentaire. La partie décorative est d'un intérêt exceptionnel. Chacune des pages, sauf celles du calendrier,
est ornée d'un cadre complet faisant corps avec l'une ou plusieurs initiales du texte richement enluminées. Le fond de l'ornementation consiste en branchages de vigne vierge peints en
or, auxquels sont associés des branchages verts avec fleurettes.
Au milieu de cette végétation conventionnelle, figurent des
animaux réels ou fantastiques, des chimères, des grotesques,
ainsi que des personnages ou des scènes empruntées à la vie
contemporaine, tout un monde enfanté par l'imagination féconde
des ornemanistes ou pris sur le vif. Les costumes populaires et
autres y abondent, ainsi que la représentation des gens de
métier (un tailleur, des musiciens, un marchand ambulant avec
une brouette, etc.). La verve gouailleuse et satirique des peintres
de ces encadrements s'y est donné un libre cours, et le monde
ecclésiastique n'y est guère ménagé : on y voit fréquemment
des figures de papes finissant en queue de poisson ou autrement,
des animaux à tête d'évêque mitré, un renard vêtu d'habits de
moine prêchant à des poules, etc. Il s'y trouve même des scènes
qu'on est étonné de rencontrer dans un livre de piété, telles
qu'un couple au bain, une leçon de natation, chiens se dispu-
tant un os, etc. Le tout est rendu avec esprit et précision.

Qui était la dame pour laquelle fut fait un livre d'heures aussi luxueux ? Rien ne nous révèle sa personnalité, mais elle appartenait incontestablement à la plus haute aristocratie. Dès le commencement du XVI⁰ siècle, ce volume était entre les mains de *Huet du Chastelet*, de l'illustre maison lorraine de ce nom, qui a consigné, sur les feuillets de garde de la fin, la naissance de deux de ses fils et de Guillemette d'Amoncourt, sa troisième femme (1508, 1510). Leur fils Jean fut maréchal de Lorraine, gouverneur de Langres et chevalier des ordres du roi, et il épousa successivement Marguerite d'Haussonville et Renée de Choiseul.

N° 8

Heures de Strasbourg

EN DIALECTE ALSACIEN

In-16, de 18 ff. non chiffrés, de 300 ff. chiffrés et de 4 ff. non ch. (table des matières); veau brun, ornem. à froid sur les plats, tr. dor. (*Reliure du temps.*)   2,000 »

Manuscrit *franco-alsacien*, sur vélin, exécuté à la fin du XV⁰ ou au commencement du XVI⁰ siècle, et d'un intérêt exceptionnel à plusieurs titres. Il est orné de TRENTE-QUATRE MINIATURES.

L'origine et la destination strasbourgeoises de ce curieux volume sont attestées par ce fait que parmi les cinq noms de saints dont le culte est spécial à l'Allemagne du sud-ouest, noms inscrits ici à l'encre rouge au calendrier, trois sont précisément ceux des principaux patrons de la ville de Strasbourg : *S. Arbogast*, évêque de cette ville; *S. Florent*, évêque; *Sainte Aurélie*, de l'ordre des Récluses, dite la Vierge de Strasbourg. Au surplus, le nom de S. Arbogast figure encore dans la litanie, de même que ceux de *S. Burckhart*, un autre évêque de Strasbourg, et de *Sainte Odile*, autre patronne de cette cité.

L'écriture du texte est l'œuvre d'un scribe alsacien; par contre *toutes les peintures ont été exécutées à Paris*, et la réunion de ces deux éléments constitue une particularité dont on n'a signalé aucun exemple jusqu'à présent. Ce qui frappe aussi, c'est que non seulement l'effigie de *Sainte Geneviève*, patronne exclusive de Paris, se trouve parmi les images de saintes, chose qui paraîtrait facilement explicable en raison de l'exécution de ces peintures dans un atelier parisien; mais encore le texte comprend plusieurs oraisons à cette sainte, ce qui est plus singulier et provoque la question de savoir pour qui ce manuscrit a pu être exécuté. Bien que ce personnage soit représenté, dans une miniature, à genoux devant la Sainte Vierge, rien ne nous révèle son nom. Il est toutefois permis d'émettre à cet égard une hypothèse que certaines particularités du volume rendent fort admissible, sinon probante. Si la présence de l'image de Sainte Geneviève et de plusieurs oraisons à son adresse démontre déjà l'existence de liens intimes qui devaient unir le Strasbourgeois, destinataire de ce livre d'heures, à la ville de Paris : d'autre part, l'adjonction de l'image de Sainte Ursule, qui était *la Sainte protectrice de la Sorbonne*, autorise à penser que ce Strasbourgeois a pu être l'un des élèves de l'Université de Paris, où il a peut-être même professé, à l'exemple de plusieurs autres étrangers, circonstance dont il aura voulu perpétuer le souvenir en faisant miniaturer son livre d'heures à Paris et en y faisant figurer la sainte patronne de cette ville.

L'art de ses miniatures est, en effet, purement parisien. Toutes sont d'une bonne facture et quelques-unes mêmes très-fines. Elles représentent : 1º *Sainte Véronique;* 2º *S. Jean l'Évangéliste;* 3º *l'Annonciation à la Vierge;* 4º *la Nativité de Jésus-Christ;* 5º *l'Annonciation aux Bergers;* 5º *l'Adoration des Mages;* 7º *la Présentation au Temple;* 8º *la Fuite en Egypte;* 9º *le Couronnement de la Vierge;* 10º *la Vierge avec l'Enfant-Jésus sur un croissant,* devant laquelle le premier propriétaire de ce volume est en prière; 11º *le Roi David en prière;* 12º *la Sainte-Trinité;* 13º *la Crucifixion;* 14º *la Messe de Saint Grégoire;* 15º *le corps de Jésus sur les genoux de sa mère;* 16º *S. Michel;* 17º *S. Pierre et Paul;* 18º *S. Nicolas;* 19º *S. Erasme;* 20º *S. Wolfgang;* 21º *S. Antoine;* 22º *S. Sébastien;* 23º *S. Christophe;* 24º *S. Achace, martyr, et ses compagnons ;* 25º *Sainte Anne;* 26º *Sainte Marie-Madeleine;* 27º *Sainte Catherine;* 28º *Sainte Barbe;* 29º *Sainte Marguerite:* 30º *Sainte Ursule et ses compagnes;* 31º *Sainte Dorothée;* 32º *Sainte Pétronille;* 33º *Sainte Geneviève;* 34º *les trois Vifs et les trois Morts.* Chacune de ces peintures est renfermée dans

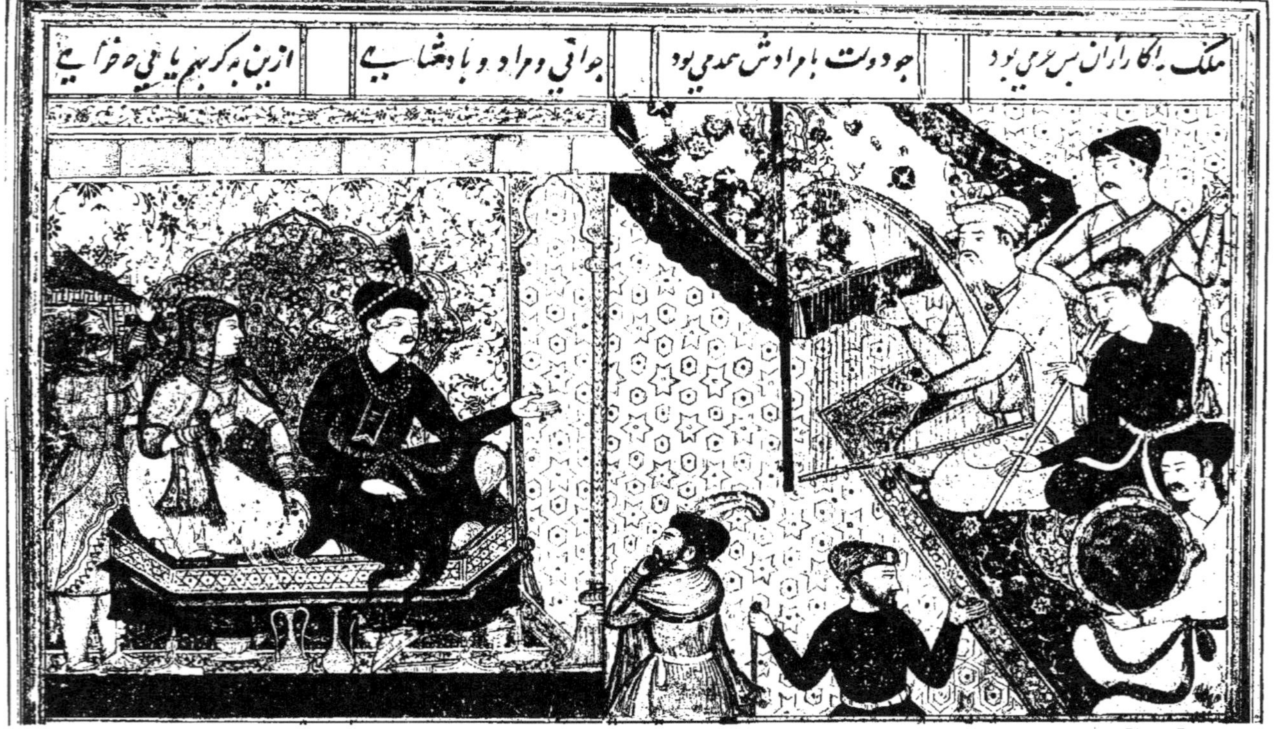

N° 9. Œuvres du poète persan Nizami.

Phot. Berthaud.

un cadre d'une ornementation charmante et très variée. Nombre de pages de texte sont aussi décorées d'une belle bordure. Le tout est d'une grande fraîcheur.

Enfin, pour compléter cet ensemble intéressant, le volume est revêtu de sa première reliure, exécutée à l'époque même et à Paris. Elle est fort simple, mais elle a le précieux et rare avantage de porter le nom de son auteur, en lettres gothiques, inséré dans la plaque ornementée qui se répète sur les deux plats, et nom de ce relieur parisien est : JEHAN NORINS.

Les Cinq OEuvres

DU POÈTE PERSAN NIZAMI

(Khamsèhi Nizami)

In-fol., de 150 ff.; mar. rouge, riches ornem. à froid. (*Reliure persane du XVII*e *siècle.*)   5,000 "

Précieux et fort beau manuscrit, en caractères dits nestaliks, écrit par une main persane à la fin du XVIe ou au commencement du XVIIe siècle, et orné de QUATRE-VINGT-TREIZE MINIATURES de dimensions variées.

Le cheikh Djemal Eddin Youssouf ibn el Moueyyed Nizami (né à Guendjèh, aujourd'hui Elizabethpol dans l'Arménie russe, mort en 596 de l'hégire, c'est-à-dire en 1199), poète de premier ordre, fut le fondateur de l'épopée romantique persane. Les cinq poèmes que renferme notre volume, et que les Persans appellent *Cinq trésors*, sont : 1° *Le Livre du bonheur* ; 2° *L'Histoire fabuleuse d'Alexandre le Grand*, où il est parlé des Russes et de leurs incursions en Arménie et en Perse; 3° *Les Aventures de Medjnoun et Leïla* ; 4° *Les Sept Beautés*, ou l'histoire du prince persan Behranghour et celle de sept princesses ses maîtresses : une Indienne, une Tartare, une Russe, une Mauritanienne, une Grecque, une Khorassanienne et une Persane; 5° *Le Magasin des secrets*, poème didactique.

Le texte de ces poèmes est disposé sur quatre colonnes, et le premier débute par un superbe en-tête en or et en couleurs, comprenant le titre général. Chaque page porte un double encadrement à filets or.

Les miniatures de ce manuscrit sont l'œuvre des artistes indiens et des véritables maîtres en peinture. Grâce à leur nombre considérable, elles nous initient à la vie publique et privée de la Perse et de l'Inde au XVIIᵉ siècle et fait passer sous nos yeux une foule de détails intéressants. On y voit des cérémonies de réception à la cour des souverains, des batailles, des chasses, des scènes de la vie intérieure, parfois même trop intimes, des travaux de métiers, etc., tableaux extrêmement variés où figurent des gens de toute condition, ainsi que des animaux domestiques et sauvages. Ils constituent en même temps une riche galerie de costumes orientaux, d'armes variées, de curieux harnachements de chevaux, d'armes en tout genre, de meubles, de tapisseries, d'ustensiles, d'instruments de musique, et ils ne sont pas moins abondants en détails d'architecture et en vues d'intérieurs qui fournissent de nombreux modèles de carreaux émaillés d'une belle décoration. Toutes ces scènes, remarquablement composées, sont pleines de vie et de mouvement, et en général étonnamment expressives. Le dessin en est souvent excellent, et même les chevaux sont parfois dessinés avec vérité et élégance, mieux qu'on ne savait le faire dans l'Occident à cette époque. La finesse d'un bon nombre de ses miniatures est extraordinaire et leur brillant coloris leur imprime le cachet de séduction propre au monde de l'Orient. Et malgré la dégradation de certaines de ces peintures fragiles, nous avons là un livre magistral au point de vue de l'art indo-persan.

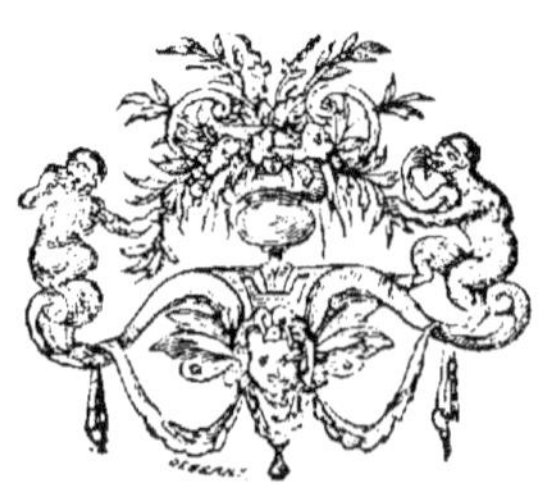

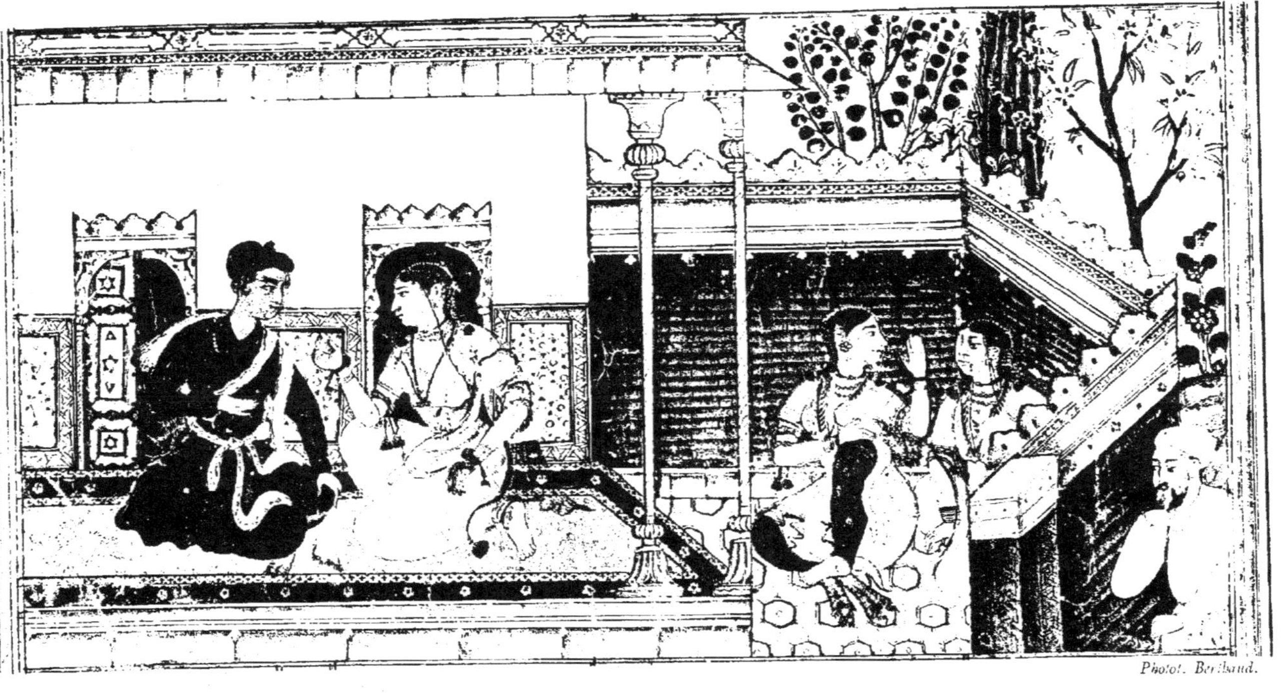

Photot. Berthaud.

N° 9. Œuvres du poète persan Nizami.

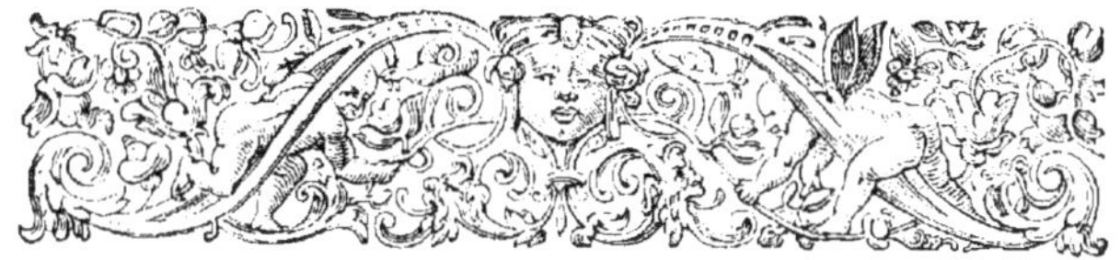

IMPRIMÉS

—

1. **ABRÉGÉ** de l'Histoire universelle en figures ou Recueil d'estampes, représentant les sujets les plus frappants de l'histoire tant sacrée que profane, ancienne et moderne, ou les Explications historiques qui s'y rapportent, par Vauvilliers. *A Paris, chez Duflos*, 1785, 5 vol. in-8, veau marbr., fil., tr. dor. (*Rel. anc.*).   200 »

   196 planches dessinées par Monnet, gravées par Duflos, avec un texte au bas de la page. Très bel exemplaire.

2. **ADAM**. Les Chevilles de Mᵉ Adam, menuisier de Nevers. *Paris, Toussaint-Quinet*, 1644, in-4 de 28 pp. chiff. y compris un joli portrait gravé de l'auteur, 4 ff. non chiff., 100 pp. et 4 ff. d'approbation du Parnasse et 315 pp. pour *les Chevilles*, mar. La Vall. jans., dent. int., tr. dor. (*Cuzin*).   80 »

   Édition originale. Superbe exemplaire.

3. **ADNOTATIONES** et Meditationes in Evangelia quæ in sacrosancto missæ sacrificio toto anno leguntur..... Auctore Hieronymo Natali Societatis Iesv Theologo. *Antverpiæ, excudebat Martinus Nutius*, 1594-1595, in-fol,, titre gravé, maroq. rouge, tr. dor.   450 »

   Très riche et très fraîche reliure du commencement du XVIIᵉ siècle, à compartiments de filets courbes avec rinceaux, volutes, dauphins, petits fers. couvrant entièrement les plats.

4. **ALAIN CHARTIER**. Les œuvres de feu maistre Alain Chartier, en son vivant Secrétaire du feu roy Charles septiesme du non (sic). Nouuellement imprimées reueues et corrigiees (sic) oultre les precedètes impressions. On les vend à *Paris* en la grant salle du palais au premier pillier en la bouctique de *Galliot du pre*, libraire iure de Luniversite, 1529, pet. in-8, lettres

rondes mar. rouge jans. doublé de mar. bleu, larges
dentelles de feuillages, dorure à petits fers, tr. dor.
Bel exemplaire d'une édition rare et recherchée, orné d'une
charmante reliure exécutée par Trautz-Bauzonnet.   500 »

5. **ALCORAN** (l') des Cordeliers, tant en latin qu'en
françois, nouvelle édition (publié par P. Marchand),
ornée de figures dessinées par B. Picard. *Amsterdam*,
1734, 2 vol. — Légende dorée ou Sommaire de l'histoire des Frères mendiants de l'ordre de Saint-Domi-
nique et de Saint-François, par N. Vignier. *Amsterdam*, 1734. Ensemble 3 vol. in-12, fig., mar. rouge,
dos orné, fil., tr. dor. (*Rel. anc.*).   130 »

6. **ALPHAND**. Les Promenades de Paris, histoire, des
cription des embellissements, dépenses de création et
d'entretien des bois de Boulogne et de Vincennes, des
Champs-Elysées, parcs, squares, boulevards et des
promenades intérieures de la ville de Paris, avec une
introduction formant une étude historique et pratique
sur l'art des jardins. *Paris, Rothschild*, 2 vol. gr. in-
fol., dem. mar. rouge, plats toile, tête dor., non rognés.
                                                     225 »
Très bel exemplaire, illustré de 80 gravures sur acier, de 23 chro-
molithographies et de 407 figures sur bois. Le volume de planches
est monté sur onglets.

7. **AMADIS DE GAULE**. Les Sept premiers liures mis
en françoys, par le seigneur des Essars Nicolas de
Herberay. *A Paris, pour Vincent Sertenas*, 1548, 7 vol.
pet. in-8, veau fauve, fil à froid, tr. dor. (*Rel. anc.*).
                                                     250 »
Nombreuses figures sur bois.

8. **ANDROUET DU CERCEAU**. Le Premier (et le
second) Volume des plus excellens bastiments de France
auquel sont designez les plans de quinze (trente) bastiments et de leur contenu, ensemble, les élévations
et singularités d'un chascun, par J. Androuet du Cerceau. *A Paris, pour ledit J. Androuet du Cerceau*, 1607,
2 tomes en 1 vol. in-fol., vélin bl. (*Rel. anc.*).   600 »
Ouvrage le plus important de ce célèbre architecte. Il nous con-
serve les plans exacts de 30 palais, châteaux royaux et seigneu-
riaux, existant alors, mais qui depuis ont été ou entièrement dé-
molis ou ont reçu de nouvelles constructions qui en ont changé
l'aspect.

9. **APPELLO A PHILIPPO** dormiente ad Philippum vigilantem, causa, chi non sca vaira, chia, reformats dal Evangeli sean apostatats gio da la vaira eretta da S. Petro, etc. *Stampad in Senol*, 1672, pet. in-8, maroq. citron, large dent., tr. dor., doublé de tabis. (*Derome*).
200 »

Bel exemplaire de Turner, charmante reliure.

10. **ARÉTIN** (Pierre). Trois livres de l'humanité de Jésuchrist, divinement descripte, et au vif représentée par Pierre Arétin. Nouvellement traduictz en François (par Jean de Vauzelles). *Melchior et Gaspard Trechsel* finirent d'imprimer ce livre à *Lyon*, le premier jour de mars 1539, pet. in-8 de 7 ff. prélim., 358 pp. et 1 f. d'errata, pet. in-12 carré, mar. Lavall. jans., dent. int., tr. dor.
80 »

Première édition. Haut. : 129 mill.

11. **ARETINO** (Pietro). Capricciosi e piacevoli Ragionamenti di M. Pietro Aretino il veritiere e'l divino, cognominato il flagello de principi. Nuova editione. Concerte postille, che spianano e dichiarano evidentemente i luoghi e le parole piu oscure, et piu difficile dell' opera. — La Puttana errante, overo dialogo di Madalena e Giulia di M. P. Aretino. *Cosmopoli* (*Amsterdam, Elzevier*), 1660, pet in-8, mar. rouge, fil., tr. dor. (*Rel. anc.*).
120 »

Edition la plus belle et la plus recherchée de ce recueil, très rare surtout quand la *Puttana errante* s'y trouve. Il existe deux éditions sous la même date. Notre exemplaire est de la première, en tout conforme à Brunet.

12. **ARETINO** (Pietro). Les Ragionamenti ou Dialogues du divin Pietro Aretino. Texte italien et traduction complète par le Traducteur des *Dialogues de Luisa Sigea*. Avec une réduction du portrait de l'Arétin peint par le Titien et gravé par Marc-Antoine. *Imprimé à cent exemplaires pour Isidore Liseux et ses amis. Paris*, 1882, 6 vol. in-8, br.
180 »

Les *Ragionamenti* ou *Dialogues* de Pietro Aretino sont traduits ici pour la première fois. Cette œuvre hors ligne, dont tout le monde parle sans la connaitre, n'a rien de commun avec les ordures débitées depuis trois siècles sous le nom d'Aretin.

13. **AUBIGNÉ** (Théodore Agrippa d'). Les Aventures du

baron de Fœneste. Augmentées de plusieurs remarques historiques, de l'histoire secrète de l'auteur écrite par lui-même et de la bibliothèque de maitre Guillaume, enrichie de notes par M***, *Amsterdam*, 1731, 2 vol. pet. in-8, mar. bleu, fil., dos ornés, dent. int., tr. dor. (*Capé*).   75 »

Bel exemplaire avec de nombreux témoins. Frontispice de Rigaud.

14. **AUDEBERT** (J.-B.). **VIEILLOT** (L. P). Histoire naturelle et générale des Colibris, oiseaux-mouches, jacamars et promerops, grimpereaux et oiseaux de Paradis. *Paris, Desrays*, 1802, 2 vol. in-fol., cart., dos et coins de mar. rouge, non rognés (*Champs*).   450 »

Très belle publication rare et recherchée, ornée de 190 superbes planches, finement coloriées. Exemplaire de l'édition in-folio, la plus estimée de cette publication, tirée à petit nombre, possédant la légende tirée en or au bas des planches.

15. **AUSTRASIÆ** reges et duces epigrammatis per Nicolaum Clementem Trelaeum Mozellanum descripti. *Coloniæ*, 1591, in-4, portr., mar. grenat, comp. et croix de Lorraine sur le dos, aux angles et au centre des plats, dent. int., tr. dor. (*Masson-Debonnelle*).   250 »

Ouvrage recherché, orné de 53 portraits gravés par P. Woeiriot.

Exemplaire du premier tirage avec l'*errata* final et le double portrait de Charles III : l'un avec la toque ; l'autre qui était collé sur le premier et qui, après avoir été décollé, a été placé en regard, est sans la toque.

On a ajouté à cet exemplaire, dont les feuillets ont été choisis entre plusieurs exemplaires du premier tirage, le dernier feuillet du deuxième tirage, comtenant le portrait de Charles III décoiffé, avec le mot *bar* de la légende, correctement écrit (on lit *bab* dans la légende du premier médaillon décoiffé), et sans l'*errata* final.

16. **AVANTURES** (Les) satyriques de Florinde, habitant la basse région de la Lune. *S. l.*, 1625, in-8, mar. vert. à recouvrements. (*Rel. anc.*).   80 »

L'auteur qui se cache sous le nom de son héros, Florinde, dit dans sa préface : « La malice insupportable des esprits de ce siècle m'a forcé, sans égard, d'en dire mon sentiment excusable en mes défauts, si par un chemin jusques icy peu cognu des esprits francoys, j'ay eu le courage de mettre au jour ces avantures. » Il termine par un panégyrique du roi Louis XIII, panégyrique en strophes qui sent son historiographe et qui me donne à penser que Florinde est le pseudonyme de Ch. Sorel, auteur de « Francion. » (*P. Lacroix*.)

17. **BAIF**. Les Jeux de Jan Antoine de Baïf. *A Paris, pour Lucas Breyer,* 1572, in-8, maroq. rouge, dent. int., tr. dor. (*Chambolle-Duru*).   175 »

Exemplaire aux armes de Villeneuve-Trans.

18. **BAIF**. Les Amours de Jan Antoine de Baïf. *A Paris, pour Lucas Breyer*, 1572, in-8, maroq. rouge, dos orné, fil., dent., int., tr. dor. (*Chambolle-Duru*).   150 »

19. **BAIF**. Les Passe-tems de Jan Antoine de Baïf. *A Paris, pour Lucas Breyer*, 1573, in-8, mar. rouge, dos orné, fil., dent. int., tr. dor. (*Chambolle-Duru*).   150 »

20. **BAIF** (J. A. de). Les Mimes, enseignemens et proverbes. *A Tolose, pour Jean Jagourt*, 1612, in-12, titre gravé, mar. rouge, fil., dos orn., dent. intér., tr. dor. (*Chambolle-Duru*).   75 »

Bel exemplaire.

21. **BAIL** des Fermes royales unies fait à M⁰ Pierre Carlier, le 19 aoust 1726. *Paris, Imp. Royale*, 1728, in-4, maroq. r., dos orn., larg. dent., tr. dor.(*Rel. anc.*).   120 »

Aux armes de Le Peletier de Villeneuve.

22. **BALLETS** et **MASCARADES** de Cour, de Henri III à Louis XIV (1581-1652), recueillis et publiés d'après les éditions originales par M. Paul Lacroix. *Genève, chez J. Gay et fils*, 1868-1870, 6 vol. in-12, en cart.   125 »

Un des deux exempl. sur peau vélin.

23. **BANDEL**. Histoires tragiques extraites des œuvres italiennes de Bandel et mises en nostre langue par Pierre Boaistueau, surnommé Launay, natif de Bretagne. *Paris, G. Robinot*, 1559, petit in-8 de 4 ff. limin. et 171 ff. chiff., plus 1 f. non chiffré, mar. vert, fil., tr. dor. (*Biziaux*).   180 »

Première publication de Bandel, comprenant six nouvelles; elle est rare. Le dernier feuillet non chiffré contient une pièce de poésie composée en l'honneur du seigneur de Launay, breton, par François de Belleforest, Comingeois.

Cet exemplaire, bien conservé et très grand de marges (165 mill.), provient de la bibliothèque réservée de M. Renouard. La reliure est avec l'étiquette de Biziaux.

24. BANDELLO. Premier et second thome des Histoires tragiques, contenans XXXVI livres. Les six premiers, par Pierre Boistueau, surnomé Launay, natif de Bretaigne. Les trente suyvans par Fr. de Belle-Forest, Comingeois. Extraictes des œuvres italiennes de Bandel et mises en langue françoise. *Paris, Jacques Macé*, 1568, 2 vol. in-12, mar. rouge, dent. int., tr. dor. *(Chambolle-Duru.)*   100 »

> Bel exemplaire.

25. BARLEUS. Marie de Médicis entrant dans Amsterdam ou Histoire de la réception faicte à la Reyne-mère du Roy tres chrestien par les bourgsmaîtres de la ville d'Amsterdam, trad. du latin. *Amsterdam*, 1638, in fol., v. f. ant., milieu doré, fil.   150 »

> Bel exemplaire d'un vol. orné de 18 grandes planches gravées par Ch. Louis Moyaert et Salomon Savry. Ces figures sont fort curieuses. La première planche représente Marie de Médicis assise sous un dais et tenant un chapelet.

26. BARROW (Jean). Abrégé chronologique ou Histoire des Découvertes faites par les Européens dans les différentes parties du monde. Extrait des Relations les plus exactes et des Voyageurs les plus veridiques, par Jean Barrow. Traduit de l'anglais par M. Targe. *A Paris, chez Saillant*, 1766, 12 vol. in-12, mar. rouge, dos orn., fil., tr. dor. *(Rel. anc.)*.   500 »

> Relation des voyages de Colomb, Cortez. Pizarre, Magellan, Dracke. Raleigh, Schouten. Dampier, Nieuhoff, Wafer, Gemelli, Ulloa. Anson, etc.
> Aux armes de la comtesse d'Artois.

27. BASSINET (A.-J.-D.). Histoire sacrée de l'Ancien et du Nouveau Testament, représentée par figures, avec des explications tirées des S. S. Pères. *Paris, Desray*, 1804-1806, 8 vol. gr. in-8, papier vélin, veau marb., dent., tr. dor.   250 »

> Très bel exemplaire contenant 611 planches gravées au burin par Voysard.

28. BATTEUX. Les Beaux Arts, réduits à un même principe. *Paris*, 1747, gr. in-8, mar. rouge, fil., tr. dor. *(Derome.)*.   150 »

> Exempl. papier de Hollande, avec frontispice gravé et vignette sur le titre par Eisen, reliure ancienne, très fraîche.

29. **BAVHIN** (Jean). Traicté des animauls aians aisles, qui nuisent par leurs piqueures ou morsures, avec les remèdes. Oultre plus : une Histoire de quelques mouches ou papillons non vulgaires apparues l'an 1590, qu'on a estimé fort venimeuses. *Imprimé à Montbéliard*, 1593, pet. in-8. portrait et fig., mar. vert, fil., dent. int., tr. dor. (*Trautz-Bauzonnet.*).   100 »

> Bel exemplaire d'un ouvrage rare.

30. **BAURN** (Joannis Guilielmi) Iconographia complectens in se Passionem, Miracula, Vitam Christi universam, nec non prospectus rarissimorum Portuum, Palatiorum, Hortorum, Historiarum aliarumque, rerum quæ per Italiam spectatu sunt dignæ. Proprio ære æri incisæ et venales expositæ a Melchiore Kysell Augustano. *Augustæ Vindelicorum*, 1670, in-fol. oblong, pl., veau. (*Rel anc.*).   200 »

> Titre, 1 f. de texte et 148 planches diverses, remarquables pour la partie décorative, gravées à l'eau-forte par « M. Kusell ». De nombreuses scènes de la vie du Christ sont traitées avec la plus grande liberté au point de vue de la vérité historique.

31. **BEAULIEU**. Les Plans et profils des principales Villes et lieux considérables des principautés, duchés et comtés de Catalogne (Roussillon, d'Alost, de Brabant, Cambray, Haynault, Namur, Limbourg, Lorraine et Bar, Artois et Flandre), avec la carte générale et les particulières de chaque gouvernement par le sieur de Beaulieu. *A Paris, chez l'auteur, s. d. (vers* 1700), 4 vol. in-4 obl., veau (*Rel. anc.*).   200 »

> Ces 4 volumes renferment ensemble plus de 480 vues et plans de villes et places fortes conquises par Louis XIV, ou ayant été le théâtre de sièges ou combats faits par ce Roi.
> Cet ouvrage est encore connu sous le titre : *Les Glorieuses conquêtes de Louis le Grand;* ces mots se lisent au frontispice d'une des parties de ce recueil.

32. **BÉRAIN**. Ornemens inventez par J. Bérain, et se vendent chez Monsieur Thuret, aux Galleries du Louvre, avec privilége du Roy, *s. d.*, 1663-1710, in-fol., veau. (*Rel. anc.*).   900 »

> Très bel exempl. contenant 1 port., 1 front. et 101 planches; admirable recueil de meubles, arabesques, panneaux, lambris, plafonds, cheminées, serrurerie et orfèvrerie.

33. BERNARDIN DE SAINT-PIERRE. Œuvres complètes, mises en ordre et précédées de la vie de l'auteur par Aimé Martin. *A Paris, chez Méquignon-Marvis*, 1818, 12 vol. in-8, port. et fig., demi mar. brun, dos orné, coins, non rognés. *(Purgold.)*   300   »

Exemplaire sur grand raisin vélin, non rogné, avec la suite complète de 1 portrait gravé par Lignon, d'après Girodet, 8 figures d'après Laffitte, Moreau, Girodet, Vernet, Prudhon et Isabey, pour Paul et Virginie ; 2 gravures de Desenne pour la « Chaumière indienne » et 5 vignettes du même pour les autres ouvrages, en triple état : avec la lettre, coloriées du temps, avant la lettre et eaux-fortes. Manquent les trois eaux-fortes de Moreau et celle de J. Vernet pour Paul et Virginie. Les figures de botanique sont en double état : noires et coloriées.

34. BÉROALDE DE VERVILLE. L'Infante déterminée, qui est le quatriesme des avantures de Floride, où se voyent plusieurs trophées de la vertu triomphante du vice, *A Lyon, pour Matthieu Guillemot*, 1596, in-12, mar. brun, milieu de feuillage, dorure à petits fers, dent. intér., tr. dor. *(Trautz-Bauzonnet.)*   100   »

Bel exemplaire de cet ouvrage rare, inconnu aux bibliographies.

35. BÉROALDE DE VERVILLE. Moyen de parvenir, nouvelle édition (avec la dissertation de La Monnoye et les imitations des contes en vers françois). A*** *(Paris, Granger)*, 100070057 (1757), 2 vol. in-12, front. gravé mar. citron, fil., tr. dor. *(Anc. rel.)*.   180   »

Exempl. en grand papier. Très rare.

36. BERTAUT. Recueil des Œuvres poétiques de J. Bertaut, abbé d'Aunay, et premier aumosnier de la Royne. *A Paris, par Mamert Patisson*, 1601, in-8, mar. bleu, milieu doré à petits fers, tr. dor. *(Trautz-Bauzonnet.)*   140   »

Édition originale.

37. BERTELLUS. Diversarum Nationum habitus, opera Petri Bertelli. *Patavii et Venetiis*, 1592-1604, 3 vol. in-8 carré, vélin.   300   »

Exemplaire avec les deux premières parties bien complètes de l'édition de 1592, mais dans lequel la troisième partie a été remplacée par une copie publiée en 1604 à *Venise* sous ce titre : *Additio ad duos superiores libros de Habitibus diversarum nationŭ*

nunc postremo Italie ludis, aliisq. novis habitibus adjectis.
Venetiis, apud Rob. **Mei**, 1601, titre gravé et 99 planches.

38. **BEZA** (Theodor.) Icones, id est veræ imagines
virorum doctrina simul et pietate illustrium... quibus
adiectæ sunt nonnullæ picturæ quas emblemata
vocant. *Genevæ, apud Ioannem Laonium*, 1580, pet.
in-4, portraits et emblèmes gravés, mar. rouge, compart. et arabesques, dos orné, dent. int., tr. dor.
(Capé.)   120 „
    37 portraits et 41 figures d'emblèmes.

39. **BILLON.** Le Fort inexpugnable de l'honneur du
sexe féminin, construit par Françoys de Billon, secrétaire. On les vend à *Paris, chez Jean d'Allyer*, 1555,
in-4, fig., mar. rouge, dos orné, fil., dent. int., tr. dor.
(Hardy.)   110 „
    Livre singulier orné de plusieurs grandes figures sur bois et
d'un portrait de l'auteur sur le titre. Il contient des détails intéressants sur les dames françaises du XVIe siècle qui sont devenues
illustres soit par leur vertu, soit par leur beauté. Petite piqûre de
vers bouchée, dans les marges supérieures.

40. **BITAUBÉ** (P.-L.). Œuvres complètes. *Paris, Dentu,
an XII* (1804), 9 vol. in-8, fig., mar. vert à long grain,
dos orné, large dent. sur les plats doublé et gardes en
moire violette, tr. dor. *(Bozérian.)*   250 „
    Très bel exemplaire en papier vélin, ainsi divisé : tomes I à VI.
L'Iliade et l'Odyssée d'Homère, figures de Marillier. On y a ajouté
une suite gravée par G. L. Biosse, publiée en 1780. — Tome VII.
Joseph, poème. On y a ajouté la suite in-18 des figures de Marillier,
de l'édition de Didot. 1797, épreuves avant la lettre remontées gr.
in-8- — Tome VIII. Les Bataves. — Tome IX. Hermann et Dorothée, poème traduit de l'allemand de Gœthe, suivis des mémoires
sur différents sujets de littérature ancienne. Très jolies reliures à
dos plats.

41. **BOCCACIO.** Lopera de misser Giouanni Boccacio de
mulieribus claris (tradotta in italiano da Vinc. Bagli).
— (A la fin :) *Stampado in Venetia per maistro Zuanne
de Trino : chiamato Tacuïno : del anno de la natiuita
de Christo, m. d. vi* (1506) *adi VI de marzo*, in-4 de
150 ff. non chiffrés, fig. sur bois, mar. brun jans.,
doublé de mar. rouge, compart. et arabesques, tr. dor.
(Chambolle-Duru).   400 „
    Ouvrage rare, contenant l'article de *Giouanna anglicha Pa-
pessa,* rigoureusement supprimé dans la plupart des exemplaires.

42. BOCCACE. Complainte trespiteuse de Fiammette à son amy Pamphyle. Translatée Ditalien en vulgaire Françoys. — *Cy finist La Complainte de Fiamette à son amy Pamphile nouuellement imprimée à Paris par Anthoine bonnemere pour Iehan Longis*, 1532, pet. in-8 de 95 ff., lettres rondes, mar. rouge jans., doublé de mar. citron, dent. intér., tr. dor. (*Thibaron-Joly*). 250 »

Bel exemplaire.

43. BOCCACE. Il Decamerone di M. Giovanni Boccaccio. *Londra* (*Parigi*), 1757-1761, 5 vol. in-8, fig. mar. rouge, fil., dos ornés, tr. dor. (*Rel. anc.*).   600 »

Bel exemplaire contenant : 5 frontispices, portrait, 110 figures et 27 culs-de-lampe dessinés par Eisen, Boucher et Gravelot ; gravés par Baquoy, Le Mire, Pasquier, Saint Aubin, etc., belles épreuves.

44. BOILEAU. Œuvres diverses du sieur D*** (Despréaux), avec le Traité du sublime ou du merveilleux dans le discours traduit du grec de Longin. *A Paris, chez Denys Thierry*, 1674, in-4, front. et fig. de Chauveau, mar. rouge, fil., dos orné, dent. int., tr. dor. (*Trautz-Bauzonnet*).   180 »

Bel exemplaire. Première édition sous le titre d'Œuvres : « l'Art Poétique » et le « Lutrin » (IV chants) paraissent ici pour la première fois.

45. BOISSARDUS. Theatrum Vitæ humanæ a J.-J. Boissardo Vesuntino conscriptum, et à Theodoro Bryio artificiosissimis historiis illustratum. Excussum typis Abrahami Fabri, Médiomatricorum typographi (1596), in-4, de 8 ff. et 266 pp., front. et fig., veau fauve, fil. milieux, coins remplis (*Rel. anc.*).   300 »

Ce volume est orné d'un titre gravé, du portrait de Boissard et de 60 planches tirées dans le texte, gravées par Th. de Bry.

Bel exemplaire de la première édition.

46. BOSSUET. Oraison funèbre de très haut et très puissant prince Louis de Bourbon, prince de Condé, premier prince du sang, prononcé dans l'église de Nostre-Dame de Paris, le 10ᵉ jour de mars 1687. *Paris, Mabre-Cramoisy*, 1687, in-4, mar. rouge jans., dent. int. tr. dor. (*Cuzin*).   180 »

Bel exemplaire.

47. BOUCHET (Jean). Des Regnars trauersàt les péril

leuses voyes des folles fiances du mōde. Côposees par
Sebastien Brand lequel composa la nef des folz derre-
nierement imprimee à Paris. Et autres plusieurs choses
composées par autres facteurs. — Cy finist le Liure
des Regnards trauersant les voyes périlleuses des
folles fiances du monde. Imprime à *Paris*, par *Michel
le noir*, libraire demourant sur le pont Saint-Michel à
lymaige saint Iehan leuangéliste. Et fut acheue lan
mil cinq cens et quatre (1504) le XXIe jour de may;
pet. in-fol. à 2 col. caract. goth., fig. sur bois, réglé,
mar. rouge, jans., dent. int., tr. dor. (*Chambolle-Duru*).
300 »

Les figures ont été coloriées. Raccommodages aux derniers
feuillets.

48. **BOUCHET** (Jean). Les Triûphes de la noble et
amoureuse Dame ‖ et lart de honnestement aymer ‖ compose par le traverseur ‖ des voyes périlleuses. ‖ Nouvellement ‖ imprime ‖ à Paris. Imprime à Paris par Jehan
Real (A la fin :) Cy prent fin le traicte des triumphes
de la ‖ noble Dame ‖ et lart de honnestement ay ‖ mer
composé par le traverseur des ‖ voyes périlleuses. Et
nouvelle ‖ ment imprimé a Paris le vingtiesme iour de
febvrier mil cinq cès qua ‖ rante et ung (1541), in-8,
goth. de 12 ff. non chiff. et 300 ff. chiff., veau fauve
ant., dos orné, fil., tr. dor.   180 »

Gothique fort rare. Bel exemplaire à grandes marges. Sur le titre
on lit : « C'est à le sieur Jacques Adam secrétaire de Monseigneur
le Dauphin. »

49. **BOUCHET** (Jean). Epistres morales et familières du
Trauerseur. *A Poitiers, chez Jacques* a l'imprimerie
a la Celle, et dauant les Cordeliers. Et a l'enseigne du
Pelican par Iehan et Enguilbert de Marnef, 1545, in-fol.,
mar. rouge, dent. int., tr. dor. (*Hardy*).   200 »

Edition rare et recherchée de ces Epîtres très intéressantes pour
l'histoire des mœurs en France. On remarque : l'Epistre a mes-
sieurs de Justice, l'Epistre a gens de tous mestiers et arts méca-
niques (barbiers, peintres, orfèvres, etc.), et particulièrement
l'Epistre aux imprimeurs dans laquelle Bouchet donne la liste de
ses propres ouvrages en engageant les imprimeurs à les publier
désormais plus correctement.

50. **BOUQUET** (Dom Martin). Recueil des historiens
des Gaules et de la France, contenant tout ce qui a été

fait par les Gaulois et qui s'est passé dans les Gaules avant l'arrivée des François : et plusieurs autres choses qui regardent les François depuis leur origine jusqu'à Clovis. *A Paris*, aux dépens des libraires associés, 1738-1876, 23 vol. in-fol., dont 10 en demi-rel., mar. gr., dor en tête, non rog. et les 13 premiers rel. en v. m., dos or., tr. rouges, (aux armes.)   1,000 »

Bon exemplaire d'un ouvrage rarement complet.

51. **BRACHELII** (Adolphi) Historiarum nostri temporis. Editio ultima. In duas partes divisa. Prioribus multo emendatior, et continuata in annum 1654, diversis variorum principum et virorum illustrium figuris exornata. *Amstelodami*, apud Jacobum Van Meurs. 1655, 2 vol. in-18, front. grav. mar. r. dos ornés, fil. dent. int. dor. (*Masson-Debonnelle*).   150 »

84 portraits gravés.

52. **BRANTOME**. Œuvres du seigneur de Brantôme, nouvelle édition, considérablement augmentée et accompagnée de remarques historiques et critiques (par Le Duchat, Lancelot et Prosper Marchand). *A La Haye*, aux dépens du libraire, 1740, 15 vol. in-12, front. gr., fleurons, mar. rouge, fil., dos ornés, dent. int., tr. dor. (*Hardy-Menil*)   300 »

Bel exemplaire, relié sur brochure.

53. **BRUNET**. Manuel du Libraire et de l'amateur de livres. 5ᵉ édition originale entièrement refondue et augmentée d'un tiers par l'auteur, *Paris Didot*, 1860, 6 vol. en 12 parties. — Deschamps et G. Brunet. Supplément au Manuel du Libraire, *Paris*, *Didot*, 1878, 2 vol. gr. in-8. Ensemble 14 vol. gr. in-8, demi mar. laval. avec coins, tête dor. non rog., dos ornés (*Capé*) 600 »

Superbe exemplaire en grand papier de Hollande. Exemplaire nº 40 souscrit par M. W. Martin à Paris.

54. **BRUSCAMBILLE**. Les Œuvres, contenant ses Fantaisies, Imaginations et Paradoxes et autres discours comiques. Le tout nouuellement tiré de l'escarcelle de ses Imaginations. Reveu et augmenté par l'autheur. *A Rouen, chez Martin de la Motte*, 1626, pet. in-12, mar. or., fil., dent. int., tr. dor (*Trautz-Bauzonnet*).   200 »

Bel exemplaire d'un livre rare.

55. CABINET SATYRIQUE (le) ou Recueil parfaict
des vers piquans et gaillards de ce temps, tirés des
Secrets cabinets des sieurs de Sigognes, Regnier,
Motin, Berthelot, Maynard et autres signalez poètes
de ce siècle. *A Paris, chez Anthoine Estoc*, 1618, in-12,
front., gr. mar, rouge jans., dent. int., tr. dor.
(*Cuzin*).   120 »

> Très rare. Première édition de ce recueil de poésies fort connu.

56. CÆSAR (Julius). Sive historiæ imperatorum Cæsa-
rumque Romanorum ex antiquis numismatibus resti-
tuæ liber primus. Accessit C. Julii Cæsaris vita et res
gestæ. Huberto Goltz Herbipolita Venloniano auctore
et sculptore. *Brugis Flandrorum*, 1562, in-fol., fig.,
v. brun, comp., tr. dor. (Rel. anc.).   1,000 »

> Riche reliure du XVI⁰ siècle à compartiments dorés. Le dos a été
> habilement restauré; les gardes ont été renouvelées. Cassures
> raccommodées dans les marges de quelques feuillets du texte,
> piqûres de vers et quelques feuillets jaunis.

57. CATTAN (Christofe de). La Geomance du seigneur
Christofe de Cattan, gentilhomme Geneuois. Liure
non moins plaisant et récréatif, que d'ingénieuse invention, pour saçuoir toutes choses présentes, passees
et aduenir. Auec la Roüe de Pythagoras. Le tout mis en
lumière par Gabriel du Préau, reueu et corrigé depuis
la précédente impression. *A Paris, chez Cl. Micard*,
1577, in-4, avec fig. sur bois, mar. r. jans., dent. int.,
tr. dor. (*Chambolle-Duru*)   80 »

> Très rare.

58. CAYLUS. Recueil d'antiquités Egyptiennes, étrus-
ques, grecques et romaines. *Paris, Saillant*, 1752,
7 vol. — De l'usage des statues chez les anciens. Essai
historique. *Bruxelles*, 1768, 1 vol. Ensemble 8 vol. in-4,
mar. rouge, fil. tr. dor. dos orné (rel. anc.)   800 »

> Frontispices allégoriques fleurons sur les titres et culs-de-lampe
> non signés, et environ 825 planches d'antiquités.
> Superbe exemplaire d'une fraicheur remarquable, aux armes du
> duc d'Aumont.

59. CERVANTES. Histoire de l'admirable Don Quichotte
de la Manche. *A Amsterdam, chez A. Mortier*, 1696,

5 vol. pet. in-12, fig., mar. orange, fil., dent. int., tr. dor., dos orné (*Belz-Niédrée*).   200 »

Edition peu commune dont les exemplaires bien conservés sont très recherchés. Très jolies figures.

60. **CERVANTES**. (Miguel de) El Ingenioso Hidalgo Don Quixote de la Mancha. Nueva edicion corregida por la Real Academia Española, *Madrid, D. Joaquim Ibarra*, 1780, 4 vol. in-4, mar. rouge, fil., tr. dor., dos orné (*Chambolle-Duru*).   450 »

2 frontispices, 1 portrait, 14 lettres ornées 22 en-têtes ou vignettes, 20 culs-de-lampe et 31 fig. dessinées par Barramo, Brunette, del Castillo, Ferro et Gil, gravées par Ballester, Barcelon, Fabrégat, Muntraner, Salvador y Carmona et Selma. Très bel exemplaire.

61. **CHANTS ROYAULX**, oraisons et aultres petitz traictez faictz et composez par feu de bonne memoire maistre Guillaume Cretin, en son vivant chantre de la Saincte Chapelle royale à Paris et trésorier du bois de Vincennes. (A la fin :) Imprimé à Paris par maistre Simon Du Bois *pour Galliot du Pré*, libraire de l'Université dudict lieu, l'an mil cinq cens vingt sept, le vingt cinquiesme jour dapvril. In-8, goth., mar. rouge, fil., dos orné, doublé de mar. bleu avec guirlande de feuillages à l'intérieur, tr. dor.(*Thibaron-Joly*).   450 »

Edition la plus recherchée, où se trouve parmi les pièces liminaires, l'épître dédicatoire de Charbonnier à la reine de Navarre. — Bel exemplaire en superbe condition.

62. **CHIPPENDALE** (Thomas). The Gentleman and Cabinet Maker director, being a large Collection of the most elegant and useful designs of household furniture in the Gothic, Chinese and Modern Taste. *London, printed for the Author*, 1754, in-fol., mar. rouge, larges dentelles, dos orné, tr. dor.   600 »

Bel exemplaire de ce recueil, contenant 161 planches d'ornements pour meubles.

63. **CHOLIÈRES**. Les Contes et Discours bigarrez du sieur de Cholières, déduits en neuf matinées (et neuf aprèsdinées). *A Paris, par Anthoine Du Breuil*, 1610, 2 vol. in-12, mar. rouge, fil., dos ornés. dent. intér., tr. dor. (*Trautz-Bauzonnet*).   225 »

Ces deux volumes se trouvent rarement réunis.

64. CHRONICORUM LIBER (per Hartman Schedel).
(A la fin :) Hunc librum... *Anthonius Koberger impressit...* Consummatû autem duodecima mensis Julii Anno
salutis nře 1493, gr. in-fol., fig. sur bois, mar. brun,
compart., coins et milieux dorés, mosaïque de couleurs
blanche et noire, médaillons sur les plats, dos orné,
tr. ciselée et dorée, fermoirs.   1,300 »

Belle reliure du xvi° siècle.

65. COCHIN. Voyage pittoresque d'Italie, ou Recueil de
notes sur les ouvrages de peinture et de sculpture
qu'on voit dans les principales villes d'Italie. *S. l.
(Paris), de l'imprimerie de Ch.-A. Jombert,* 1756, in-4,
mar. citron, large dent., dorure à petits fers, dos
orné, tr. dor.   800 »

Charmante reliure de Derome.

66. COLLECTION DES ANCIENS MONUMENTS
de l'histoire et de la langue française, publiée par
Georges-Adrien-Crapelet. *Paris,* 1826-1835, 14 vol.
in-4, papier vél., demi-rel. cuir de Russie, avec
coins, tête dor., non rog.   220 »

Vers sur la mort, par Thibault de Marly. — Lettres de
Henri VIII à Anne de Boleyn. — Le Combat de trente Bretons.
— Histoire de la passion de Jésus-Christ. — Le Pas d'armes de la
Bergère. — Histoire du châtelain de Coucy. — Cérémonies des
gages de bataille. — Proverbes et dictons populaires. — Poésies
morales d'Eustache Deschamps. — Tableau des mœurs au
xviii° siècle. — Les demandes faites par le roi Charles VI. — Partonopeus de Blois, 2 vol. — Chansons du châtelain de Coucy.
Magnifique exemplaire.

67. COLLECTION des Classiques français, avec les
notes de tous les commentateurs. *A Paris, chez
Lefebvre (imprimerie de Jules Didot),* 1821-1828, 73 vol.
gr. in-8, demi rel. veau rose, coins, tête dor., non
rog. (*Rel. de l'époque*).   800 »

Exemplaire en grand papier jésus vélin (qq. taches de rousseur).

68. COMIENÇA la Cronica del serenissimo rey][don
Juan el secundo deste nõbre impres][sa en la muy
noble et leal ciudad de Lo][grono : por mãdado del
catholico rey dõ][Corlas su vismiero: por Arnao guillen de][brocar su impressor con privigelio por su][
alteza concedido que nodie la imprima venda ni tray

a ⟧ d'otra parte a estos reynos por spacio de diez
anos : so la pe ⟧ na en el dicho privilegio contenida.
(A la fin :) *Impressa en la muy noble y leal ciudad de
Logroño por mandado de su alteza : por Arnao Guillen
de Brocar su impressor. Ano de mil CCCCC XVII* (1517),
in-fol. goth. à 2 col., fig. sur bois sur le titre et dans
l'ouvrage, titre encadré, lettres initiales ornées, vél.
blanc.   400   »

Première édition rarisssime de cette chronique, dont l'auteur
est Fern. Perez de Guzman.

Très bel exemplaire grand de marges.

69. **COMMINES**. Chronique et hy ⟧ stoire faicte et
côposee par feu Messi⟦re Philippe de Cômines chevalier / ⟧ seigneur Dargèton / contenât les choses adve-
nues ⟧ durât le regne du Roy Louis Unziesme tant en
Fran⟧ce Bourgogne / Flandres / Arthoys / Angleterre
que Espaigne / et lieux circòvoisins. Nouvellement
revueue et corrigée / avec la table des chapitres con⟦-
tenuz en ladict cronique. *Il se vend à Lyon sur le Rosne
en la ⟧ maison Claude Nourry / dit le Prince : au ⟧ pres
de Nostre dame de confort.* (A la fin :) *Fin de Lhystoire
et cronique du feu roy Loys unziesme de ce nom.* ⟧
*Faicte et composee par feu messire Philippe de Com-
mine chevalier / ⟧ seigneur Dargenton. Et fut achevée
d'imprimer le vii iour du moys ⟧ Davril mil cinq cens
xxvi par Claude Nourry / dit le Prince. ⟧ demourant à
Lyon sur le Rosne pres nostre dame de Confort ⟧ Laus
deo* (1526), in-fol. 3 ff. prelim. pour le titre et la table
et 108 ff. chiff., car. goth., mar. r. dos orné, fil. et
comp., dent. int., tr. dor. (*Trautz-Bauzonnet.*) 450   »

Très bel exemplaire d'une édition rare.

70. **COMMINES**. Les mémoires de Commines, Sr d'Ar-
genton. Dernière édition. *A Leide, chez les Elzevier*,
1648, pet. in-12, titre front. gr., mar. r., dos orné, fil.
tr. dor. (*Rel. anc.*)   150   »

Première édition elzévirienne fort bien exécutée et très
recherchée.

Joli exemplaire dans une excellente reliure, très fraîche.

71. **CONTROUERSES** (Les) des Sexes masculin et
Feminin (par Gratian Du Pont, seigneur de Drusac).
Auecq Priuiliege (*sic*) du Roy. — Au verso du dernier

f., dont le recto est blanc, se trouvent les vers suivants :

> Dedans Tholose : imprime entierement
> Est il ce liure : sachez nouuellement
> Par Maistre iacques : Colomies surnomme
> Maistre imprimeur : Libraire bien fame
> Lequel se tient : et Demeure Deuant
> Les Saturnines : Nonains, Deuot couuent
> Lan Mil cccc trente et quattre à boncompte
> Du moys Ianuier, XXX, sans mescompte.

Pet. in-fol., à longues lignes, caract. goth., fig. sur bois, mar. rouge, fil., à froid, dent. int., tr. dor. (*Chambolle-Duru.*)   500 »

Première et fort rare édition de cet ouvrage. On a ajouté à la fin du volume une copie manuscrite de : *Requeste du sexe masculin contre le feminin à cause de celles et ceux qui medisent de l'auteur de ce livre, baillée a Dame Raison ; le Plaidoyé des parties et Arrest sur ce intervenu.*

72. **CORNEILLE** (P.). Le Théâtre de P. Corneille. Reveu et corrigé par l'autheur. *Imprimé à Rouen et se vend à Paris, chez Th. Jolly*, 1664, 2 vol. in-fol., portrait et frontispice gravés, mar. rouge, fil., comp., tr. dor.   300 »

Édition dont le texte a été revu par Corneille pour la troisième fois. Exemplaire provenant de la bibliothèque de M. A. Didot, vendu 400 fr. plus les frais.

73. **CORNEILLE.** Le Théâtre de P. Corneille, reveu et corrigé, et augmenté de diverses pièces nouvelles. Suivant la copie imprimée à *Paris* (*Amsterdam, Wolfgang*), 1664, 5 tomes en 4 vol. p. in-12, front., portrait et fig. — Les Tragédies et Comédies de Th. Corneille. Reveues et corrigées, et augmentées de diverses pièces nouvelles. Suivant la copie imprimée à *Paris, au Quærendo* (*Amsterdam, Wolfgang*), 1665-1676-1678, 5 volumes pet. in-12, fig. Ensemble 10 tomes en 9 vol. pet. in-12, mar. rouge, fil., dos ornés, tr. dor. (*Trautz-Bauzonnet.*)   - 1,200 »

Bel exemplaire (hauteur : 130 millim.). — Toutes les pièces sont de bonne date, à l'exception de l'Ariane, de Th. Corneille, qui porte celle de 1674.

74. **CORNEILLE.** Le Théâtre de P. Corneille, reveu et corrigé par l'autheur. *A Rouen, et se vend à Paris,*

chez Guillaume de Luynes, 1664, 3 vol. — Poèmes dramatiques de T. Corneille. *A Rouen, et se vend à Paris, chez Guillaume de Luynes*, 1665, 2 vol. — Ensemble 5 vol. in-8, front. gravés, fig. de Chauveau, mar. rouge jans., dent. intér., tr. dor. (*Cuzin.*)   600 »

Cette édition, donnée sur celle de 1664, 2 vol. in-fol., contient les discours sur le poème dramatique et les examens des pièces. Le nouveau système orthographique employé par Corneille a été également suivi.

75. **COSTUMES.** Recueil de 56 planches de modes finement coloriées, dessinées par Desrais, Leclerc, etc., gravées par Voysard, Dupin, Lebeau, in-fol., cart. de l'époque.   1,100 »

Ce précieux recueil contient 92 modèles de coiffures et est de toute rareté.

76. **COSTUMES.** Recueil d'estampes représentant les Grades, les Rangs et les Dignités suivant le costume de toutes les nations existantes. *A Paris, chez Duflos le jeune, graveur*, 1779-1784, un vol. in-fol. dem. maroq. rouge, non rog. (*Rel. du temps.*)   900 »

Ce recueil se compose de 264 planches finement coloriées; chaque planche est entourée d'un filet d'or. Les portraits intéressants de ce recueil sont très nombreux, citons surtout celui de Marie-Antoinette d'après Touzé qui a été vendu 265 fr. à la vente Béhague; notre exemplaire est d'une fraîcheur remarquable.

77. **COSTUMES DE MODES,** dessinés par Horace Vernet, vers 1820. En un vol. in-4, demi rel. dos et coins mar. rouge.   1,600 »

43 charmants dessins à l'aquarelle par Horace Vernet, costumes d'hommes et de femmes. Ces dessins ont été gravés dans le Journal des Modes de la Mésangère.

78. **COSTUMES DES PRINCIPAUX ARTISTES** des divers théâtres de Paris, dess. par Joly, *Paris, Martinet, s. d.*, 5 vol. in-8, demi rel., mar. ch. rouge, non rog.   650 »

Ce recueil contient 500 planches coloriées.

79. **CORROZET.** Les Antiquitez, chroniques, et singularitez de Paris, ville capitale du royaume de France, avec les fondations et bastimens des lieux : les sepulchres et epitaphes des princes, princesses et autres personnes illustres : Corrigées et augmentées, pour la

seconde édition, par G. Corrozet, parisien. *A Paris, en la boutique dudict Gilles Corrozet*, 1561, pet. in-8 de 8 ff. lim., 199 ff. et 1 f. pour *l'achevé d'imprimer* et la marque de Corrozet, mar. brun, dos orné en mosaïque. fil., tr. dor. (*Lortic.*)   130   »

Cette édition est la dernière des *Antiquitez* publiée par Corrozet qui mourut en 1568, et c'est la plus complète.

Le dernier événement enregistré est de l'an 1560. On y voit aussi annoncé le *Recueil des excellents bastiments et édifices de Paris*, du labeur de Jacques du Cerceau, homme très suffisant en l'art de perspective et ordonnance de bastir, ensuyvant le mandement et permission du Roy. pour les dresser en planche de cuyvre et de basse taille, pour le bien et honneur de la République Parisienne.

Bel exemplaire de M. Desq.

80. **CRONICA** cronicarum abbrege et mis p figures descêtes et Rondeaulx, côtenâs deux parties principalles. Dôt la première cômêcàt a la creation du môde sera ordònee et distincte par les cinq aages iusques a laduenement de nostre seigneur Iesuchrist... La sccôde partie cômêcàt a lincarnation de nostre Seignr fera mêtion du sixiesme aage iusqs a present (1532)... nouuellemêt imprime a Paris. — (Au dernier feuillet :) *Imprime a Paris, par Frâçois Regnault... demourant en la grât rue sainct Iacques a lenseigne de Lelephât deuant les Mathurins, s. d.* (1532), in-4, caract. goth., mar. brun jans. doublé de mar. rouge, dent. int., tr. dor. (*Chambolle-Duru.*)   300   »

Figures sur bois.

81. **CRONICA** del muy esforcado Cauallero el Cid Ruy Diaz Campeador. *En Bruxellas, impresso en casa de Iuan Mommaerte*, 1588 (à la fin, 1589), in-16 de 107 ff., fig. sur bois, mar. rouge, fil., dos orné, doublé de mar. bleu, compart. et arabesques de feuillages, dorure a petits fers, dos orné, tr. dor. (*Hardy*).   500   ¹

Bel exemplaire d'une édition rare.

82. **DALIBRAY.** Les Œuvres poétiques du Sʳ Dalibray, divisées en vers bachiques, satyriques, héroïques, amoureux, moraux et chrestiens. *A Paris, chez Antoine de Sommaville*, 1653, in-12, rel. en cuir de Russie, dos orné, fil., tr. dor.   180   »

Ce poète est de toute rareté.

83. DEGUILLEVILLE. Le Roman des trois pèlerinages. Le premier pèlerinage est de lhomme durât quest en vie. Le second de lame séparée du corps. Le tiers est de nostre seignr iesus, en forme de monotessccron : cestassauoir les quatre euàgiles mises en vue : et le tout magistralement, cointemêt et si vtilemêt pour le salut de lame quon ne pourroit mieulx dire ne esepre. Fait et compose p frere guillaume d'deguileuille en son vivât moyne de chaaliz de lordre de cisteaux.

> Cy sensuit lindice et la table
> Du pelerin noble roment
> Qui par voye cointe et delectable
> Enseigne a viure sainctement,
> Lequel tresamiablement
> Ont ensemble a cômun profit
> Fait imprimer elegamment
> Maistre Barthole et Iehan petit.

S. d. (*vers* 1500), in-4 de 10 ff. lim. et 206 ff. à 2 col., caract. goth., réglé, mar. rouge, fil., dos orné, doublé de mar. rouge, dent., tr dor. (*Chambolle-Duru*).   600   »

Édition rare, la seule qui renferme les trois pèlerinages. Cachet sur le titre.

84. DELANGE. Recueil de toutes les pièces connues jusqu'à ce jour de la faïence française dite de Henri II et Diane de Poitiers, dessinées par Carle Delange, et publiées par Henri et Carle Delange. *Paris*, 1861, in-fol., dem. mar. rouge, avec coins, dos fleurdelisé, fil., tête dor., n. r. (*David*).   450   »

52 planches en couleurs. La pl. intitulée : « Biberon. Collection du prince Galitzin à Moscou. » manque comme dans tous les exemplaires. Bel exemplaire de souscription de cet ouvrage très recherché et tiré seulement à 150 exemplaires.

85. DEMANDES (les) damours avec les responces. *S. l. n. d.*, pet. in-8 goth., de 12 ff., fig. sur bois, mar. La Vall., comp. de filets, tr. dor. (*Muller*).   160   »

Opuscule de toute rareté. imprimé à Lyon vers 1510.

86. DESCRIPTION de l'Egypte, ou Recueil des observations et des recherches qui ont été faites en Egypte pendant l'expédition de l'armée française, seconde édition publiée par Panckoucke. *Paris, Panckoucke,*

1821-1829, 24 tomes en 26 vol. in-8 et 11 vol. in-fol. de planches, dem. veau bleu.   400 „

Les volumes de planches se répartissent ainsi : Antiquités, 5 vol. — Atlas géographique, 1 vol. — Etat moderne, 2 vol. — Histoire naturelle, 3 vol. Exemplaire bien complet.

87. **DESFONTAINES**. Les Bains de Diane, ou le Triomphe de l'Amour, par M. Desf***. *Paris, Costard*, 1770, gr. in-8, fig., mar. vert, fil., dos orné, dent. int., tr. dor. (*Cuzin*).   75 »

Exemplaire contenant : titre et 3 figures dessinées par Marillier, gravées par Massard, Ponce et Voyez.

88. **DETAILLE** (Ed.). Types et uniformes de l'armée française. Texte par Jules Richard. *Paris, Boussod et Valadon*, 1885-89, 16 livraisons in-fol., pl. noires et coloriées.   900 »

Exemplaire sur papier de Hollande, avec les planches avant la lettre.

89. **DEUIS AMOUREUX** (Les) traduictz naguères de grec en latin et depuis de latin en françois, par l'Amoureux de vertu (Claude Colet). *On les vend à Paris, dans la boutique de Gilles Corrozet*, 1545, in-8, réglé, mar. bleu, milieu de feuillages, dorure à petits fers, dos orné, tr. dor. (*Trautz-Bauzonnet*).   350 »

Bel exemplaire de ce volume extrêmement rare, contenant la traduction des fragments alors connus de Clitophon et Leucippe, d'Achilles Tatius.

Provient des bibliothèques Ch. Nodier, de Solar et du Comte O. de Béhague.

Vendu 520 fr., vente Béhague.

90. **DIDEROT** (Denis). Œuvres publiées sur les manuscrits de l'auteur par J.-A. Naigeon. *Paris, Desray*, 1798, 15 vol. in 8, mar. vert, fil., dos ornés, tr. dor. (*Rel. anc.*).   400 »

Très bel exemplaire, tiré sur grand papier vélin, contenant un très beau portrait de Diderot, par Greuze, gravé par Gaucher avant la lettre. La reliure est remarquable par sa fraîcheur.

91. **DOLCE** (Lodovico). Il Palmerino. *Venetia, Gio. Battista Sessa*, 1561, in-4 à 2 col. de 137 ff. chiffrés et 1 f. pour l'errata, mar. r. comp. à fr., tr. dor. (*Belz-Niédrée*).   100 »

Très bel exemplaire à toutes marges. Ce poème de chevalerie, en 32 chants, est orné d'un beau frontispice, d'une vignette en tête du premier chant, et de 32 initiales historiées. Les chants sont séparés par des fleurons ou vignettes composés de figures et d'arabesques. Le tout gravé sur bois.

Louis Dolce, poète, grammairien, historien, traducteur, etc., naquit à Venise en 1508 et mourut en cette ville en 1568.

92. DONEAU DE VISÉ. Les Nouvelles galantes et comiques (par Jean Doneau de Visé). *A Paris, chez Claude et Gab. Quinet*, 1669, 3 vol. in-12, front. au tome 1er, mar. r., dos orn., fil., dent. int., tr. dor. (*Trautz-Bauzonnet*).   300 »

M. P. Lacroix a donné, dans le « Bulletin du Bouquiniste » du 15 mars 1869, la clef de cet ouvrage, telle qu'il l'a trouvée dans les papiers des bibliothécaires et collaborateurs du marquis de Paulmy.

Très bel exempl. de la bibliothèque de M. de Béhague, à la vente duquel il fut adjugé 475 francs.

93. DORAT. Les Baisers, précédés du Mois de Mai, poëme. *La Haye et Paris*, 1770, in-8, fig., front., en-têtes, culs-de-lampe d'Eisen, mar. vert, fil., tr. dor. (*Rel. anc.*).   1,100 »

Bel exempl. en grand papier de Hollande, avec le titre imprimé en noir et rouge, très belles épreuves.

94. DORAT. Fables nouvelles. *A La Haye, et se trouve à Paris chez Delalain*. 1773, 2 tomes en 1 vol. gr. in-8, fig., mar. rouge, fil., dos orné, tr. dor. (*Rel. anc.*)   400 »

Exemplaire tiré sur papier de Hollande, contenant : 2 frontispices, 2 figures, 99 vignettes et 99 culs-de-lampe dess. par Marillier, grav. par Arrivet, Baquoy, Delaunay, Duflos, de Ghendt, Lingée, de Longueil, Masquelier, Ponce, Simonet, etc.

95. DU BELLAY (Joach). Recueil de poésie, présenté à très illustre princesse Mme Marguerite, sœur unique du Roy, et mis en lumière par le commandement de ma dite dame, reveu et augmenté (*sic*) par l'auteur J. D. B. A. (Joachim du Bellay, angevin). *A Paris, de l'imp. de Fréd. Morel*, 1561, in-4, mar. bleu, dos orné, fil., doublé de mar. La Vall., ornements, entrelacs et feuillages, tr. dor. (*Chambolle-Duru et Marius Michel*).   220 »

Très bel exemplaire dans une superbe reliure richement ornée à petits fers.

96. DUBUISSON. Armorial des principales maisons et familles du royaume, particulièrement de celles de Paris et de l'Isle de France. Ouvrage enrichi de près de 4,000 écussons. *Paris, Guérin et Delatour*, 1757, 2 vol. in-12, veau ancien, fil. 130 »

97. **DULAURENS** l'abbé). Le Compère Mathieu ou les Bigarrures de l'esprit humain. *Paris, Patris*, 1796, 3 vol. in-8, fig., mar. vert, tr. dor. (*Rel. anc.*). 200 »

Exemplaire en papier vélin. Très rare sur ce papier, surtout avec les figures avant la lettre.

98. **DU SOMMERARD** (Conservateur du musée de Cluny). Les Arts au moyen âge, en ce qui concerne principalement le Palais romain de Paris, l'hôtel de Cluny, issu de ses ruines et les objets d'art de la collection classée dans cet hôtel splendide, ouvrage composé de 510 planches in-fol., reliées en 3 vol. in-fol. et 5 vol. in-8, de texte, dem. mar. bleu avec coins, tête dor., non rog. 1,200 »

Ce superbe ouvrage donne les plus beaux spécimens d'objets de l'époque du moyen-âge. 335 planches coloriés.
Monuments religieux, 60 pl. — Monuments civils, 40 pl. — Mobiliers civils et religieux, 40 pl. — Sculptures, groupes, figures, monuments en pierre, marbre, bois, statues, bas-reliefs, 40 pl. — Peinture, tableaux, volets de diptyques et de triptyques, portraits, dessins, 40 pl. — Miniatures, manuscrits, dessins, 60 pl. — Tapisseries, étoffes, ornements d'église, costumes, vitraux, faïences, mosaïques, 40 pl. — Émaux, autels d'or, 40 pl. — Armes, armures, fers, orfévrerie, objets usuels, 40 pl.

99. **DUVERGIER DE HAURANNE** (Abbé de Saint-Cyran). Considérations sur les Dimanches et les Festes des mystères, et sur les festes de la Vierge et des saints. *Paris, chez la veuve Charles Sarreux*, 1670, 2 vol. in-8, mar. r., dos orné, dent. sur les plats, tr. dor. (*Rel. anc.*) 200 »

Bel exemplaire réglé qui paraît être de provenance royale. Sur les plats de la reliure, très fraîche, se trouve une large dentelle fleurdelisée et sur le dos des L couronnés.
(Il provient des collections De Bure et R.-S. Turner).

100. **ELITE** (L') des poésies héroïques et gaillardes de ce temps. Augmentées de plusieurs manuscrits, non encore vus. *Imprimé cette année, 1682, à la Sphère*, in-12, mar. vert, fil., tr. dor., dent. int., dos orné. (*Masson-Debonnelle*). 150 »

Ce petit recueil que les presses clandestines à Paris, à Lyon, à

Orléans, etc., reproduisaient sans cesse, était colporté sous le manteau. Le contenu des diverses éditions, le nombre de pp., etc., est
assez varié : mais on y rencontre invariablement : l'Occasion per-
due recouverte de Corneille, les Yeux de Philis changés en astre
de l'abbé de Cerisy, et nombre de petites pièces, rondeaux, chansons, épigrammes, etc,, moins chastes. Bel exemplaire avec de
nombreux témoins. Haut. 111 mil.

101. ELOGES (les) des XII dames illustrés grecques,
romaines et françoises dépeintes dans l'alcove de la
reine. *A Paris chez Jean du Bray*, rue saint-Jacques
aux Espics murs. 1646. in-4 vélin blanc, orn. sur les
plats, tr. dor. (*Rel. anc.*)   300   »

Aux armes d'Anne d'Autriche, veuve de Louis XIII, avec semis
de fleurs de lis.

102. EMBLÈMES. Livret des emblèmes de maistre André Alciat, mis en rime françoyse, et présenté à Monseigneur l'Amiral de France (par Jehan le Fevre). On
les vend à *Paris*, en la maison de *Chrestien Wechel*,
1536, in-8, goth., réglé, fig., veau brun, comp. à froid.
(rel. anc.)   120   »

Première édition française des Emblèmes d'Alciat, ornée de figures sur bois. Ces figures au nombre de 112 sont les mêmes (sauf
quelques variantes) que celles qui ornaient l'édition latine publiée
par Wechel en 1536. Ces figures passent pour avoir été dessinées
par un artiste de Bâle et gravées par Mercure Jollat. Bel exemplaire.

103. EMBLÈMES. Diverse imprese accomodate a diverse
moralità, con versi che i loro significati dichirano in-
sieme con molte altre nella lingua italiana non piu
tradotte. Tratte da gli emblemi dell'Alciato. *In Lione,
da Gulielmo Rovillio*, 1551, in-8, mar. brun, compart.
de fil., dent. int., tr. dor. (*Lortic*).   200   »

Titre et 180 planches avec l'explication en vers italiens, par
Giov. Marquale.

104. ENTREMANGERIES MINISTRALES, c'est-à-
dire contradictions, injures, condamnations et exécra-
tions mutuelles des ministres prédicans de cet (sic) siècle ; responces modestes et crestiennes aux aphorismes
de I. Broudut, dit Sainte-Barbe et prétendues falcifica-
tions de ministres anonymes, par F.-François Feu-Ar-

deur. *A Caen, par Tite Haran*,1601, pet. in-8, mar. vert, fil., dos orné, tr dor., (Rel. anc.).   200 »

Bel exemplaire provenant de la bibliothèque de Charles Nodier.

105. **EPISTRES** (les). Monseigneur sainct Hierosme en françois. On les vend à Paris, à la rue neufue nostredame à l'enseigne de Lagnus Dei.— (A la fin:) Imprime a *Paris pour Guillaume Eustace*, libraire du Roy. *S. d.* (1520), 3 parties en 1 vol.. in-fol. de 4 ff. lim. clj, xxxii cviij et 2 ff. à 2 col., caract. goth., mar. rouge jans., tr. dor. (*Belz-Niédré*).   150 »

Raccommodage aux trois derniers feuillets.

106. **ESSAIS** historiques sur la vie de Marie-Antoinette d'Autriche, reine de France, pour servir à l'histoire de cette princesse. *Londres*, 1789, 2 parties en un vol. in-18, demi-mar. bleu avec coins, tête dor., non rogné.   130 »

1 Portrait de Marie-Antoinette et 6 charmantes figures de Ransonnette. La première partie est écrite dans le genre narratif, la seconde est une biographie postérieure à 1771, et sans la moindre vraisemblance. C'est un acte d'accusation très passionnè, débité a la première personne du singulier, aussi singulièrement écrit qu'invraisemblable et qui ne doit pas être de la même main que la première partie. — L'ouvrage est présenté dans l'introduction comme un peu exagéré peut être, mais au fond vrai et sérieux. La reine y est ouvertement blamée pour ses intrigues et pour le mal que l'on suppose qu'elle voulait faire à la France libérale.

Superbe exemplaire non rogné. Très rare.

107. **ESTRIF** (l'). de Fortune (par Martin Franc, prévôt de Lausanne et secrétaire du pape Félix V). In-fol., mar. brun jans., dent. int., tr. dor. (*Trautz-Bauzonnet*).   600 »

Beau manuscrit du XVe siècle sur papier, comprenant 190. ff.

Cet ouvrage. mélangé de prose et de vers, est divisé en 3 livres. C'est un débat entre la Fortune et la Vertu devant la Raison qui fait l'office de juge. Il est précédé d'un prologue adressé à Philippe le Bon, duc de Bourgogne, qui commanda cette composition à l'auteur.

Ce manuscrit provient de la bibliothèque de M. de la Roche Lacarelle. (Catal. 1859.).

108. **EVANGILES.** Les évangiles des dimanches et

fêtes de l'année. *Paris, Curmer*, 1864, 3 vol. in-4, mar.
rouge, fil. dent. inter. tr. dor. doublés de tabis.   450   »

Belle publication chromolithographique, contenant la reproduction de cent miniatures tirées des plus beaux manuscrits connus
et dont chacune des pages, au nombre de 400, est encadrée dans un
ornement caractérisant les types des principales époques des miniatures.

Indépendamment du mérite de l'exécution, cet ouvrage est curieux pour la comparaison des anciens manuscrits, et peut être d'une
grande utilité pour leur étude.

109. **EXCELLENTES** (les) magnifiques et triumphantes
Croniques des treslouables et moult vertueux faictz
de la saincte hystoire de bible du tres][preux et va-
leureux prince Judas machabeus ung des ix preux
tresvaillant iuif. Et aussy de][ses quatre freres Jehan :
Symon : Eleazar et Jonathas / tous nobles / hardyes
vaillan macha][bées / filz du bienheureux prince et
grand pontife Mathias. Lesquelz en diverses batailles/
sièges de][villes, forteresses et assaulz de guerre ont
subtillement et victorieusement demonstrés plusieurs][
grans et merveilleux faictz d'armes... *Le present volume contenant les deux livres des Machabées nouvellemét
translaté de latin en françois et imprimé par Antoine
Bonnemere marchant libraire demourant à Paris, à l'enseigne de sainct Martin, rue sainct Jehan de Beaulvais,*
1514, in-fol., goth., fig. en bois, mar. vert, comp. de
fil., tr. dor. (*Kæhler*).   650   »

Très bel exemplaire à grandes marges de l'édition originale d'un
roman de chevalerie dont le traducteur est Charles de Saint-
Gelais.

110. **EXERCICES** de l'infanterie française, 1752, recueil
de 26 planches gravées par Aliamet. in-4, mar. rouge
fil. dent. int., tr. dor. (*A. Motte*).   175   »

Plusieurs planches sont en deux états, eaux-fortes et épreuves
terminées, bel exempl.

111. **FENELON.** Les Aventures de Télémaque. *Paris,
de l'imprimerie de Monsieur*, 1785, 2 vol. gr. in-4, fig.,
mar. bleu foncé, compart. de fil. et dent. à pl. avec
ornem. aux angles, dos ornés, dent. intér., gardes
tabis rose, tr. dor. (Rel. anc.)   300   »

Titre frontispice gravé par Montulay, 72 figures par Monnet,
gravés par Tilliard, et 24 planches ornées de culs-de-lampe conte-

nant les sommaires. Sur les plats les armoiries en or, sur fond
mosaïqué de mar. rouge. Très belle reliure ancienne signée en or,
au bas de la dentelle intérieure de chaque volume : « Relié par De-
lorme, rue St-Jacques » Les armoiries paraissent être surchargées.

112. **FENELON**. Les Aventures de Télémaque, fils
d'Ulysse. *Paris, Didot*, 1796, 4 vol. in-12, demi-mar.
rouge, non rog. (*Thouvenin*) . . . . 200 »

2 portraits par Delvaux et Vivien, 24 charmantes figures par
Lefèvre, gravées par Delvaux, Godefroy, Simonet, Thomas et
Trière. — Exempl. en grand papier vélin, avec les figures avant
la lettre.

113. **FESTE** nelle nozze del Serenissimo Don Francesco
Medici, Gran Duca di Toscana, et della Sereniss. sua
consorte la Sig. Bianca Cappello, composte da M. Raf-
faelo Gualterotti, con particolar Descrizione della
Sbarra, et apparato di essa nel Palazzo de' Pitti, man-
tenuta da tre cavalieri persiani contro ai venturieri
loro avversarij. *In Firenze nella stamperia de Giunti*,
1579, in-4 de 58 et 24 pages. mar. brun, dent. int., tr.
dor. (*Lortic*) .   250 »

Relation du mariage de François de Médicis, fils et successeur de
Cosme 1er, avec la fameuse Bianca Capello.
Bel exemplaire contenant les 16 planches à l'eau-forte.

114 **FIGURES** de l'Histoire de France gravées d'après
les dessins de Lépicie, Monnet et Moreau le jeune.
Paris, 1779-1785, 3 vol. in-4 cart.   320 »

Très bel exemplaire de cette belle et importante collection d'estampes. La publication en a été faite en 2 fois, en 1779 par Le Bas
et en 1785 par Moreau. Le présent exemplaire contient toutes les
planches publiées par ces deux artistes, en premières épreuves Aux
111 planches publiées primitivement par Le Bas, et gravées d'après
les dessins de Lépicié, Monnet et Moreau, on a ajouté: 1° 4 cartes,
2° 12 estampes par Moreau numérotées 2—13, destinées à remplacer
les compositions de Lépicié et Monnet. rejetées par Moreau, 3° 21
estampes de Moreau numérotées 131-151, destinées à compléter
l'édition de Le Bas. Ensemble 184 planches en premières épreuves.
Ce volume est accompagné des titre et dédicace de l'édition de
1785, du discours de l'abbé Garnier, et du prospectus de la publica
tion de Moreau.
Très rare aussi complet.

115. **FILHOL**. Galerie du musée Napoléon. Texte par
Caraffe et Joseph Lavallée. *Paris, Filhol*, 1804-1815. 10
vol. gr. in-8, figures. — Galerie du musée de France.

Texte par Lavallée, continué par Jal. *Paris, Vve Filhol*, 1828, gr. in-8, figures. — Ensemble 11 vol. gr. in-8, dem.-mar. rouge, n. rog.   450 »

Bel exemplaire tiré sur papier vélin, avec les figures épreuves « lettres grises. »

116, **FLAVIUS JOSEPH**. Histoire des Juifs, écrite par Flavius Joseph, sous le titre de Antiquitez Judaïques, 3 vol. — Histoire de la guerre des Juifs contre les Romains, par le même, traduite sur l'original grec par M. Arnauld d'Andilly. *A Bruxelles, chez Friex*, 1701-1703, 2 vol. — Ens. 5 vol. pet. in-8, front. et fig. mar. r. dos orné, fil. dent. int. tr. dor. (*Chambolle-Duru*).   200 »

Exemplaire sur papier fort de cette excellente édition, très recherchée pour les nombreuses figures dont elle est ornée.

117. **FOE**. La Vie et les Aventures surprenantes de Robinson Crusoé, contenant entre autres événemens, le séjour qu'il a fait pendant vingt et huit ans, dans dans une île déserte, située sur la côte de l'Amérique, près de l'embouchure de la grande rivière Oroonoque. Le tout écrit par lui-même. Traduit de l'anglois par Saint Hyacinthe et Van Effen. *A Amsterdam, chez l'Honoré et Chatelain*, 1720-1721, 3 vol. in-12, fig. de Bernart-Picart et cartes, mar. rouge, fil., dos ornés, dent. int., tr. dor. (*Trautz-Bauzonnet*).   275 »

Bel exempl. de l'édition originale de cette traduction.

118. **FOREST** (la) et **DESCRIPTION** des grans et sages philosophes du tèps passe contenant doctrines et sentences merueilleuses et a toutes gens de bon esprit de qlle qualite quils soient tât en moralle que naturelle philosophie, tres utiles et délectables îprimee nouuellemèt. — *Cy fine la Forest des philosophes nouellement imprimee à Paris par Pierre Leber, et fut achevce dimprimer le XII de feburier lan mil cinq cens XXVII* (1527), pet. in-8, mar. rouge jans., doublé de mar. brun, compart. de fil., tr. dor. (*Chambolle-Duru*). 350 »

Cet ouvrage se confond avec les *Ditz des Philosophes*, traduit en français par Guillaume de Tignonville, chambellan du roi Charles VI et prévôt de Paris, mort en 1414.

119. **FRANCHIÈRES** (des). La Fauconnerie de F. Jan

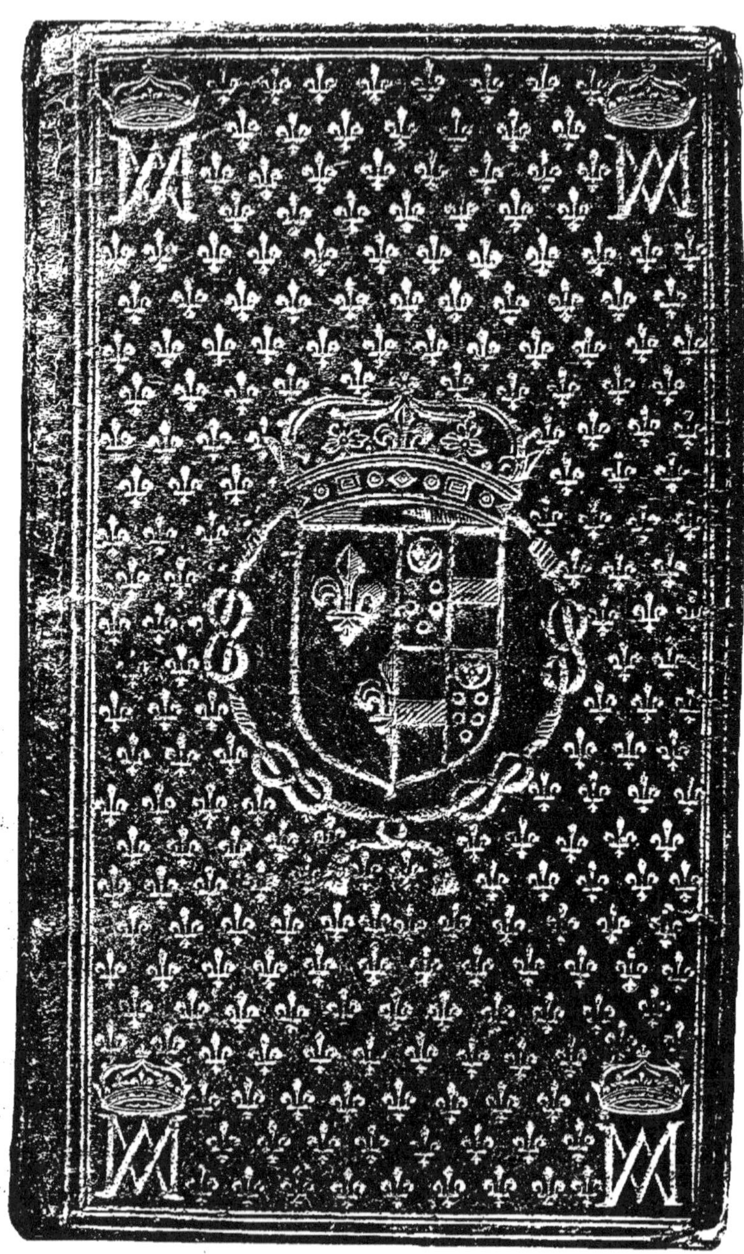

N° 120. Frémyot. Discours de la Coustance.
Aux armes de Marie de Médicis, veuve de Henri IV, roi de France.

des Franchières. avec une autre fauconnerie de Guillaume Tardif, du Puy en Velay... *Poitiers, Enguilbert de Marnef et les Bouchets frères*, 1567, 4 parties en 1 vol. pet. in-4, fig., v. f., fil., tr. dor. (*Kœhler*). 300 »

Deuxième édition d'un ouvrage estimé et très rare.
Titre et dernier f, un peu fatigués, quelques petites taches.

120. **FREMYOT** (André). Discours de la constance à la royne régente, par messire André Frémyot, archevêque de Bourges, primat d'Aquitaine, conseiller du roi en son conseil d'etat.*A Bourges, par Maurice Levez*, 1611, in-12 réglé, maroq. noir, tr. noires, ornements sur les plats (rel. anc). 3,500 »

Aux armes de Marie de Médicis, veuve de Henri IV. avec son chiffre couronné sur le dos et aux quatre coins des plats du volume. la reliure est semée de fleurs de lis, les fers sont frappés en argent sur le maroq. noir. Ce qui fait la particularité du livre c'est qu'il est relié en grand deuil ; il n'a subi aucune restauration.

121. **FRŒHNER** (W.). La Verrerie antique. Description de la collection Charvet, *Le Pecq, J. Charvet. Château du Donjon*, 1879, gr. in-fol., monté sur onglets, demi mar. brun, avec coins, tête dor., non rog. 300 »

34 planches en chromolithographie.

122. **FROISSART.** Le Premier (le Second, le Tiers et le Quart) Volume de Froissart, lequel traicte des choses dignes de memoire aduenues tant es pays de France, Angleterre, Flandres, Espaigne, que Escoce et autres lieux circonuoisins. — (A la fin :) *Imprime a Paris par Anthoine Couteau imprimeur pour Galliot du Pre libraire, et fut acheue dimprimer le deuxiesme jour de Septèbre lan mil cinq cens trente* (1530), 4 tomes en 3 vol. in-fol. à 2 col., caract. goth., mar. bleu jans., dent. intér., tr. dor. (*Duru*). 600 »

Bel exemplaire, grand de marges.

123. **FUNÉRAILLES** et diverses manières d'ensevelir des Rommains, Grecs et autres nations, tant anciennes que modernes, descrites par Claude Guichard docteur es droits, et dédiées à très haut, très puissant et très magnanime prince Charles Emanuel, Duc de Savoie. *A Lyon par Jean de Tournes*, 1581, in-4, fig. sur bois,

mar. vert, coquilles et marguerites sur le dos, fil. à comp., soleil au centre des plats, armes de Castellau ajoutées dans le haut, tr. dor. (*Reliure du XVIe siècle.*)

350 »

124. **GABRIEL** (J.). Œuvres. Recueil de pièces de théâtre en collaboration avec Armand Brazier, Dumersan, Dartois, Rougemont, Desaugiers, etc. *Paris, imprimerie de Trouvé*, 1828, 6 vol. in-8, mar. ch. rouge, tr. marb. 150 »

Exempl. auquel on a ajouté 41 planches de costumes coloriés.

125. **GALERIE POULLAIN**. Collection de 120 estampes gravées d'après les tableaux et dessins qui composaient le cabinet de M. Poullain, exécutée sous la direction du sieur Fr. Basan. *Paris, Basan et Poignant*, 1781, in-4, mar. rouge, dent., dos orné, tr. dor. 1,000 »

Très bel exemplaire en reliure ancienne très fraîche.

126. **GALERIE DE FLORENCE**. Tableaux, statues, bas-reliefs et camées de la galerie de Florence et du palais Pitti, dessinés par Wicar, peintre, et gravés sous la direction de C. L. Masquelier, avec les explications par Mongez. *Paris, Lacombe*, 1789-1821, 4 vol. gr. in-fol. demi mar. rouge avec coins, non rog. 1,500 »

200 planches. Superbe exempl. de toute fraîcheur sur papier superfin d'Annonay, avec les épreuves avant la lettre.

127. **GALERIE** des Peintres flamands, hollandais et allemands, gravée (de 1777 à 1792), sous la direction de M. Lebrun, peintre. *Paris, chez l'auteur et chez Poignant. Amsterdam. Fouquet*, 1792, 3 vol. in-fol. veau rac., dent., tr. dor., dos orné. (*Rel. anc.*). 600 »

201 planches gravées par les plus habiles artistes de France, de Hollande et d'Allemagne, splendides épreuves, bel exempl.

128. **GARÇON** et Fille hermaphrodites, vus et dessinés d'après nature par un des plus célèbres artistes et gravés avec tout le soin possible pour l'utilité des studieux. *A Paris, s. d.*, in-8, mar. bleu jans., dent. int., tr. dor. 200

2 figures attribuées à Moreau.

129. **GAUTIER**. Mademoiselle de Maupin. Double amour, par Théophile Gautier, auteur des Jeunes-France. *Paris, Eugène Renduel*, 1835, 2 vol. in-8, mar. bleu, riches comp. de fil. brisés, feuillages dans les angles, doublé de mar. orange, encadrements de feuillages, tr. dor. (*Cuzin.*)   1,800 »

Édition originale. Superbe exemplaire richement relié sur brochure. Couvertures conservées.

130. **GENEALOGIES** (les), effigies et epitaphes des roys de France recentement reueuies et corrigées par l'autheur mesmes ; avecq'plusieurs aultres opuscules, le tout mis de nouveau en lumière par le dict autheur comme on pourra veoir en page suyvante. *On les vend à Poictiers chez Jacques Bouchet*, 1545, in-fol., fig. sur bois, mar. rouge, fil., doublé de mar. à large dent., dos orné, tr. dor. (*Niédrée.*)   350 »

131. **GERMAIN** (Pierre). Eléments d'orfèvrerie, divisés en deux parties de chacune cinquante feuilles, composés par P. Germain, marchand orfèvre, joaillier à Paris. *A Paris, chez l'auteur*, 1748. 2 parties en 1 vol. in-4, mar. rouge, large dent. sur les plats, fil., dent. int., dos orné, tr. dor. (*Hardy-Mennil*).   650 »

100 planches de Germain, sauf 7 signées J. Roettiers, gravées par J. J. Pasquier et Baquoy.

Précieux recueil qui contient les plus beaux modèles de l'argenterie parisienne du temps de Louis XV, si recherchée maintenant.

Les planches sont montées sur onglets.

132. **GESSNER**. Œuvres. *A Paris, chez Ant.-Aug. Renouard*, 1799, 4 vol. in-8, fig., v. fauve, tr. dor. (*Simier.*)   350 »

Bel exemplaire tiré sur papier vélin, avec 3 portraits et 48 figures dess. par Moreau, gr. par Bacquoy, Dambrun, Dupréel, de Ghendt, Le Mire, etc. Epreuves avant la lettre.

133. **GILLES** (Nicole). Les très élégantes et copieuses Annales et Croniques, des tres chrestiens et excellens moderateurs des belliqueuses Gaules, depuis la triste désolation de... la cité de Troye, jusques au temps du Roy Loys Unzième, jadis composées par .. maistre Nicole Gilles. Et depuis additionnées jusques en l'an

1551. *A Paris, par Oudin Petit*, 1551, in-fol. réglé, fig.,
mar. citron, comp. de mosaïque de mar. noir et brun,
fil. dor., tr. dor. et ciselée. (*Rel. anc.*)   500   »

Très intéressante reliure du XVI· siècle, avec riches compartiments en mosaïque exécutés par le procédé dit d'incrustation. Le
dessin est des plus riches et des plus élégants. Le relieur a ménagé
au milieu des plats un cartouche dans lequel figurent les armes de
Hémard Denonville.

Cette reliure est en bon état de conservation ; elle a subi quelques restaurations. Deux feuillets sont doublés sur la marge de
devant.

134. **GIRAUDET** (Gabriel). Discours du voyage d'outremer au saint sepulchre de Jerusalem et autres lieux
de la Terre saincte. Et du mont de Sinaï, qui est ès
désers d'Arabie, où Dieu donna la loy a Moyse, par
Gabriel Giraudet, de la ville du Puy en Velay, prestre
Hierosolymitain. *A Paris, chez Thomas Brumen*, 1585,
in-8, 23 fig. sur bois, mar. r., dos orné, fil., tr. dor.
(*Kœhler.*)   300   »

Edition fort rare d'un ouvrage intéressant et réimprimé plusieurs fois ; elle est dédiée à la reine Louise de Lorraine. En
dehors du récit de voyage, on y trouve un chapitre sur le concile
de Clermont, un autre sur le recouvrement des saints lieux, une
pièce de vers : *Prosopopée de la terre saincte*, et une lettre (en
latin) à Etienne Durant, président du tribunal de Toulouse.

Bel exemplaire réglé provenant de la bibliothèque Firmin-
Didot.

135. **GORI** (Ant.-Fr.). Museum Florentinum, exhibens
insigniora vetustatis monumenta quæ Florentiæ sunt
in Thesauro Mediceo. *Florentiæ, ex typis Mich. Nestoni*,
1731-1766, 12 vol. in-fol. max., fig., cart., non rog.
                                                         400   »

Bel exemplaire contenant : Pierres gravées, 2 vol. — Statues,
1 vol. — Médailles, 3 vol. — Portraits de peintres, 6 vol.

136. **GRAFFIGNY** (Mme de). Lettres d'une Péruvienne,
trad. du français en italien par M. Deodati (avec le
texte en regard). *Paris, de l'imprimerie de Migneret*,
1797, gr. in-8, demi rel., dos et coins de mar. citron,
dos orné, tête dor., n. rog. (*Dupré*).   200   »

Portrait de l'auteur d'après La Tour, gravé par Gaucher, et
6 belles figures par Le Barbier, gravées par Choffard, Halbou,
Patas, Gaucher et Lingée. Exemplaire en grand papier vélin, avec
double épreuves des figures avant et avec la lettre, et la même
suite dessinée au lavis.

137. GRANT ALMAGESTE (le) du tresnoble et tres-illustre hystoriographe Josephe Flauie, duc des Juifz et gràt zelateur de la loi mosaicque et de grâce, côtenât les annales et antiquitez iudaicques, cômèçât depuis la creatiô du môde iusques a la derniere destruction de Hierusalem : faicte par Vaspasien et Tytus son filz Empereurs rommains : Lan de nostre seigneur Iesuchrist lxxi, Et de la creation du monde cinq mille cent septante. Nouuellement imprime a Paris. Mil cinq cens xxx iii (1533). *On les vend à Paris, par Denis Ianot* (marque de Denis Janot au recto du dernier feuillet), in-fol. de 6 ff. lim. et 254 ff. chiffrés, caract. goth., fig. sur bois, mar. bleu, dent. int., tr. dor.

220 »

Raccommodage au dernier feuillet.

138. GRISONE (Federico). Ordini di Cavalcare, et modi di conoscere le nature de' Cavalli, emendare i vitii lore, et ammaestrargli per l'uso della guerra, et commodità de gli huomini. Con le figure di diverse sorti di Morsi, secondo le bocche, et i maneggiamenti de' Cavalli. Opera nuova, et utilissima ad ogni sorte di persona di conto. Composta dal Sig. Federico Grisone... Et tutta di nuovo ricorretta, et migliorata da gli errori delle prime impresioni. *In Pesaro, appresso Bartolomeo Cesano*, 1558, in-4, pl. sur bois, mar. brun, plats couverts de comp. dorés avec armoiries au centre, tr. dor. (*Rel. anc.*).

500 »

Exemplaire précieux, couvert d'une belle reliure italienne du XVI· siècle et contenant sur les marges des notes de la main du Tasse.

139. GUEUDEVILLE (Nic). Le grand théâtre historique, ou nouvelle histoire universelle tant sacrée que profane depuis la création du monde jusqu'au commencement du XVIII· siècle. *A Leide, chez Pierre Vander Aa*, 1703-1705, 5 tomes en 3 vol. in-fol., nombreuses figures, mar. rouge, milieux en mosaïque de mar. vert, dorure à petits fers, dos ornés, tr. dor. (*Rel. anc.*).

300 »

140. GYNÆCEUM, sive theatrum mulierum in quo praecipuarum omnium, per Europam in primis, natio

num. gentium populorumque, cujuscunque dignitatis,
ordinis, habitus, etc., artificiosissimis nunc primum
figuris, negusquam antehac pari elegantia editis,
expressos a Jodoco Amano. Additis ad singulas figuras
singulis octostichis Francisci Modii Brug. *Francoforti,
Sigismundi Feyrabendii*, 1586, in-4, fig., vélin.   550 »

Très jolie suite de 122 figures gravées sur bois par Jost Amman,
représentant les costumes des femmes européennes au XVIe siécle.
Exemplaire du premier tirage de ce rare volume.

141. HELISENNE DE CRENNE (Dame). Les Angoys-
ses douloureuses qui procèdent d'amour. *S. l., n. d.*
(vers 1540) 3 part. en 1 vol. in-8, figures sur bois,
mar. citr., fil , dos orné, tr. dor. (*Hardy*).   250 »

Jolie édition en lettres rondes. Il y a, à la fin, 8 ff. contenant
l'ample narration faicte par Queziustra en regardant la mort de
son compaignon Guenelic et de sa dame Helisenne. Très rare.

142. HEPTAMÉRON (L') des nouvel][les de tres illu][
stre et tres exceilente][princesse Marguerite deValois,
][royne de Navarre. Remis en son vray ordre, confus
au paravant. en sa premiere im][pression, et dedie à
très illustre][princesse Jeanne, royne de Navarre,][par
Claude Gruget, Parisien.][*A Paris*][*pour*][*Vincent Sertenas*, 1560, in-4, mar. bleu jans., doublé de mar. bleu,
large dent., tr. dor. (*Trautz-Bauzonnet*).   500 »

Très bel exemplaire de la seconde édition donnée par Cl. Gruget.

143. HERBIER général de l'amateur, contenant la description, l'histoire, les propriétes et la culture des
végétaux utiles et agréables ; par Mordant de Launay,
continué par M. Loiseleur Deslongchamps. *Paris,
Audot*, 1816, 8 vol. gr. in-8, cart. n. rog.   300 »

Nombreuses figures peintes d'après nature par M P. Bessa.
Exemplaire en papier vélin.

144. HEURES à l'usage de Paris. (A la fin) : Ces présentes heures à l'usage de Paris. tout au long sans
requérir. *Imprimées à Paris, pour Germain Hardouyn*,
demourant entre les deux portes du Palais, à l'enseigne
Saincte Marguerite (Almanach de 1521 à 1537), in-8,
marque de G. Hardouin sur le titré peinte et rehaus-
sée d'or, nombreuses figures entourées de bordures

et lettres ornées peintes en miniature, mar. vert, dos
orné, fil., dent. int., tr. dor.   600 »

Bel exempl. imprimé sur peau de vélin. A la fin plusieurs prières
sont en français, 17 grandes miniatures.

145. **HEURES** de Nostre Dame à l'usage de Rome en
latin et en français. Reveues, corrigées et enrichies
de dévotes oraisons et belles figures. *A Paris, pour
Abel l'Angelier*, au premier pilier de la grande salle
du Palais, 1584, in-8, mar. rouge, fil., tr. dor., dos
orné. (*Rel. anc.*)   1,000 »

Ce volume est orné de 20 grandes figures y compris le frontispice et 12 petites au calendrier, gravées par Thomas de Leu. Riche
reliure dans le genre des Eve, avec un semis d'M et d'Y sur le
dos et sur les plats.

146. **HEURES** de Nostre Dame à l'usage de Rome, latin-
français, revues et corrigées par René Benoist, docteur
en théologie, curé de Saint Eustache. *A Paris, par
François Huby*, 1600, in-8, réglé, maroq. vert, ornements sur les plats, fil., tr. dor. (*Rel. anc.*)   600 »

Ce volume est orné d'un frontispice, de 12 jolies figures au calen
drier et de 17 grandes avec encadrements de fleurs et de fruits,
gravées par Messager. Charmante reliure à petits fers dans le
genre de Le Gascon.

147. **HISTOIRE** amoureuse de Flores et Blanchefleur
s'amye, avec la complainte que fait un amant contre
amour et sa dame. Le tout mis d'Espagnol en François, par maître Iaques Vincent, aumonier de M. le
comte d'Anguien. *A Anvers, chez Iean Waelberghe*,
1561, *avec privilège du Roi*. Pet. in-4, titre encadré, de
24 ff. chiff., et 19 ff. non chiffrés, mar vert clair, fil.
au dos et sur les plats, dent. à l'int., tr. dor. (*Kœhler*).
                    250 »

Dauphinois rare et recherché.
Exemplaire de la vente Béhague.

148. **HISTOIRE** des nobles prouesses et vaillances de
Galien restauré, fils du noble Oliuier le Marquis, et
de la belle Iaquelline fille du Roy Hugon Empereur
de Constantinople. Auec les figures mises de nouueau
soubs chascun chapitre. *A Lyon, par les héritiers de
François Didier*, 1586, in-4, fig. sur bois, mar. vert,

fil. à froid, coins dorés, dent. int., tr. dor. (*Trautz-Bauzonnet.*).   300 »

Édition non citée par Brunet. — Raccommodages.

149. HISTOIRE et preuves généalogiques de la Maison de Gondi. *Paris*, 1705, in-4, veau. (*Rel. anc.*).   100 »

Frontispice, 29 portraits gravés par Duflos, 47 planches diverses, monuments, pierres tombales, etc., et 4 tableaux généalogiques extraits de l'ouvrage de Gorbinelli : Histoire généalogique de la maison de Gondi.

Toutes ces planches ont été dessinées par Pezey.

150. HISTOIRE MODERNE des Chinois, des Japonnois, des Indiens, des Persans, des Turcs, des Russiens, etc., pour servir de suite à l'histoire ancienne de M. Rollin. *A Paris, chez Desaint et Saillant*, 1755, 30 vol. in-12, mar. rouge, fil., tr. dor. (*Rel. anc.*).   450 »

Aux armes de la comtesse d'Artois.

151. HISTOIRE (L') Palladienne, traitant des gestes et genereux faitz d'armes et d'amours de plusieurs grands princes et seigneurs, specialement de Palladien filz du roy Milanor d'Angleterre, et de la belle Selerine sœur du Roi de Portugal : nouuellement mise en nostre vulgaire françoys, par feu Cl. Colet Champenois. *A Paris, pour Jean Dallier, demourant sur le pont saint Michel à lenseigne de la Rose blanche* (Privilège en faveur de Vincent Sertenas, libraire). (A la fin :) *Fin de l'histoire palladienne, nouuellement imprimée à Paris par Estienne Groleau* (sic), *libraire et imprimeur demourant en la rue Neuve Notre Dame à l'enseigne saint Jan Baptiste*, 1555, in-fol., fig. sur bois, mar. r., dent. int., tr. dor. (*Chambolle-Duru*)   250 »

Roman de chevalerie rare. Jolies figures sur bois, la plupart dans le style de Jean Cousin.

152. HISTOIRE générale des Cérémonies, mœurs et coutumes religieuses de tous les peuples du monde, représentées en 243 figures, dessinées de la main de Bernard Picart; avec des explications historiques et curieuses par M. l'abbé Banier. *Paris, Rollin fils*, 1741, 7 vol. in-fol., mar. vert, fil. à la Du Seuil, dos ornés, tr. dor. (*Rel. anc.*)   600 »

Cette édition a été publiée sous la direction littéraire de l'abbé

Banier, mais le texte, tantôt entièrement refait, tantôt simplement corrigé, est dû à l'abbé Le Mascrier, ainsi que les nouvelles dissertations ajoutées à l'ouvrage primitif.
Bel exemplaire, superbes épreuves.

153. **HISTOIRE** universelle de Jacque-Auguste de Thou depuis 1543 jusqu'en 1607, traduite sur l'édition latine de Londres (par J.-B. Le Mascrier, Ch. Le Beau, l'abbé Desfontaines, etc.), *A Londres* (Paris), 1734-1735, 16 vol. in-4, port., mar. rouge, fil., dos orn., tr. dor. (*Rel. anc.*)   500   »
Bel exemplaire en grand papier.

154. **HOLBEIN**. Portraits of illustrious personages of the court of Henry VIII. Engraved in imitation of the original drawings of Hans Holbein, in the collection of His Majesty. With biographical and historical memoirs, by Edmund Lodge... Published by John Chamberlaine. *London, Printed by William Bulmer and Cº*, 1828, gr. in-4, portr. en couleur sur papier blanc ou rose, demi rel. mar. r. avec coins, dos orné, fil., tr. dor.   150   »
Belle édition ornée des 84 portraits réduits de celle de 1792-1802.

155. **HORÆ** in lavdem beatissimæ Virginis Mariæ ad vsum Romanvm. *Lvgdvni*, MDXLVIII, in-8, de 159 ff., lettres rondes, mar. brun, fil., dent., fers à froid, tr. dor. (*Gruel-Engelmann*).   120   »
Volume orné de 14 grandes figures gravées sur bois. Chaque page est entourée d'une bordure variée représentant soit des ornements, soit des motifs d'architecture.

156. **HORE** diuine Virginis Marie, secundum usum Romanum cum aliis multis folio seqũeti notatis una cum figuris Apocalipsis et destructionis Hierusalem et multis figuris Biblie insertis (A la fin :) Finit officium beate Marie virginis secũdum usum Romanum nouiter impressum, opera *Germani Hardouyn, Parisiis*, s. d. (Almanach de 1518 à 1532), in-8, vélin bl., tr. dor.   400   »
Cet exempl imprimé sur vélin se compose de 84 feuillets entourés de filets d'or. Il est orné de 16 grandes figures coloriées représentant : Saint-Jean l'Evangéliste, Adam et Eve, l'Annonciation,

la Visitation, la Nativité, l'Annonce aux Bergers, l'Adoration des Mages, la Présentation au Temple, la Fuite en Égypte, le Couronnement de la Vierge, Suzanne et les Vieillards, le Roi David, Job sur son fumier, le Christ en Croix, le Saint Esprit descendant sur les Apôtres, etc., etc. ; de 22 petites figures et d'une quantité d'initiales en or et en couleurs.

157. HORATIUS. Quinti Horatii Flacci][Venusini carminum liber][primus ad Mæcenatem.][... (A la fin :) Horatii opere finis cum magna diligentia Impressum][per Philippum condam petri in ueneciis Ioanne][*Mosenico* inclito duce Mcccclxxviii die XV septebris (1478)][, in-fol de 117 ff. à 36 lignes par pages (A par 7 ff. B-O par 8 ff. et P par 6), car. ronds, mar. r., dos orn., fil. et comp. à la Du Seuil, tr. dor. (*Rel. anc.*).   250 »

Très jolie édit., rare. Le titre donné ci-dessus se trouve en tête du f. signé A 2 ; immédiatement après commence le texte La place laissée pour les initiales en couleur est restée blanche. Exempl. grand de marges.

158. HURTADO DE MENDOZA. Aventures et espiégleries de Lazarille de Tormes, écrites par lui-même. *Paris, imp. de Didot*, 1801, 2 vol. in-8, demi veau. 350   »

Édition ornée de 40 figures dessinées et gravées par N. Ransonnette avant la lettre. La figure du 17e chapitre du tome II, qui manque presque toujours, s'y trouve.

On a ajouté : 8 dessins anciens à la plume et au lavis au tome II, 12 autres dessins (6 dans chaque vol.) à la sépia, fort jolis, signés Ch. Ch. 1817 (Chasselat).

159. ICONOLOGIE ou la science des emblèmes, devises, etc., qui apprend à les expliquer, dessiner et inventer, Ouvrage trés utile aux orateurs, poëtes, peintres, sculpteurs, graveurs, etc. Enrichie et augmentée d'un grand nombre de figures avec des moralités, tirées la plupart de César Ripa, par J.-B. (Baudoin) de l'Académie françoise. *Amsterdam, Adrian Braakman*, 1698, 2 vol. in-12, front. et fig., mar. vert, dos orné, fil., tr. dor. (*Derome*)   150   »

489 figures emblématiques tirées sur 80 feuilles.

160. IL BALLARINO di M. Fabritio Caroso da Sermoneta divisa in due trattati : nel primo de quali si dimostra la diversità de i nomi, che si danno à gli atti, e movimenti che intervengono ne i balli, et con molte regole si dichiara con quali creanze, et in che modo debbano farsi, et nel secondo s'insegnano diversi sorti di balli et balleti si all' uso d'Italia come a quello di Francia et Spagna, ornato di molte figure con l'intavolatura di liuto, et il soprano della musica nella sonata di ciascun ballo. *Venetia, Fr. Ziletti*, 1581, in-4, fig. et musique, mar. r., dos orné, fil., dent., tr. dor. (*Trautz-Bauzonnet*) 350 »

Bel exemplaire d'un livre rare et recherché, contenant 1 portrait et 22 figures grav. par Giacomo Francho, d'après les dessins de la Rovère, dit le Mantuan. Ces gravures représentent les danses du XVIe siècle et sont surtout remarquables par la richesses des costumes des seigneurs et des dames qui figurent dans ces danses.

161. **ILLUSTRI** Fatti Farnesiani coloriti nel real Palazzo di Caprarola dai fratelli Taddeo Federico et Ottaviano Zuccari... disegnati e coll' acqua forte incisi in rame da Giorgio Gasparo de Prenner. *In Roma, nel* 1848, gr. in-fol., veau fauve, large dent. à mosaïque, dos orné. tr. dor. (*Riche reliure italienne du temps*). 350 »

Très belles épreuves. Exemplaire orné d'une belle reliure, enrichie d'une large dentelle peinte à mosaïque d'un dessin très curieux et fort original.

162. **IMAGES** (les) ou Tableaux de platte peinture des deux Philostrates, sophistes grecs, et les statues de Calistrate, mis en françois par Blaise de Vigenere, Bourbonnois, enrichis d'arguments et annotations. Reuus et corrigez sur l'original, et representez en taille douce, auec des Epigrammes sur chacun d'iceux par Artus Thomas. sieur d'Embry. *A Paris, chez la veufue L'Angelier*, 1614, grand in-fol., front. et 58 grandes planches gr. par I. Isac, L. Gaultier et Thomas de Leu, réglé, mar. rouge, fil., dent., tr. dor. (*Rel. anc.*). 900 »

Superbe exemplaire provenant de la bibliothèque de M. le marquis de la Vieuville et portant sur le dos et sur les plats un semis des lettres W. F. et R., surmontées d'une couronne.

163. **IMITATION** (L') de Jésus-Christ, traduction nouvelle, avec les Réflexions à la fin de chaque chapitre, par l'abbé F. de Lamennais. *Tours, Mame*, 1867, gr. in-8, front. gr., fig., mar. vert jans., doublé de mar.

rouge, coins et milieu, dorure à petits fers, tr. dor. (*Chambolle-Duru*).   225 »

L'un des 10 exemplaires tirés sur papier de Chine.

164. **JAIME**. Musée de la Caricature ou Recueil des Caricatures les plus remarquables publiées en France depuis le XIVe siècle jusqu'à nos jours, pour servir de complément à toutes les collections de mémoires. Calquées et gravées à l'eau-forte, par E. Jaime, avec un texte historique et descriptif par Nodier, Jaime, J. Janin, P. Paris, Ph. Chasles. etc. *Paris, Delloye*, 1838, 2 vol. in-4, dem. rel. veau fauve, légèrement ébarbés.   200 »

Cet ouvrage très rare et très recherché renferme plus de 200 planches, dont un grand nombre sont coloriées ; le deuxième volume est presque entièrement consacré à la Révolution et au premier Empire. Bel exempl., les 2 titres manquent.

165. **JODELLE** (Estienne). Les Œuvres poétiques d'Estienne Jodelle, sieur du Lymodin. *A Paris, chez Nicolas Chesneau*, 1574, in-4, mar. rouge jans., dent. int., tr. dor. (*Thibaron-Joly*)   300 »

Très bel exemplaire.

166. **JOYEUSES AVENTURES** (Les) et nouvelles récréations contenant plusieurs comtes (*sic*) et facétieux deuis. *A Lyon, par Benoist Rigaud*, 1582, in-16, mar. citron, milieu à mosaïque de mar. rouge et bleu, feuillages, dorure à petits fers, dent. int., tr dor. (*Trautz-Bauzonnet*).   180 »

Bel exemplaire de ce livre rare. Ces contes et facétieux devis sont au nombre de 100, dont une partie est tirée des Contes de Des Periers.

167. **JOYEUSETEZ**, Facecies et Folastres Imaginations de Caresmeprenant, Gaulthier Garguille, Guillot Gorju, Roger Bontemps, etc. *Paris, Techener*, 1829-1837, 17 vol. in-16. pap. de Hollande, mar., dos orné, fil., dent. int., tr. dor. (*Hardy*).   450 »

Collection de facéties et de poésies anciennes. la plupart très rares. Bel exemplaire de M. A. Veinant, dans une jolie reliure de Hardy en maroquin de diverses couleurs : vert clair, orange, citron, rouge, bleu, etc.

168. **JUBINAL** Les Anciennes Tapisseries historiées ou collection des monuments les plus remarquables

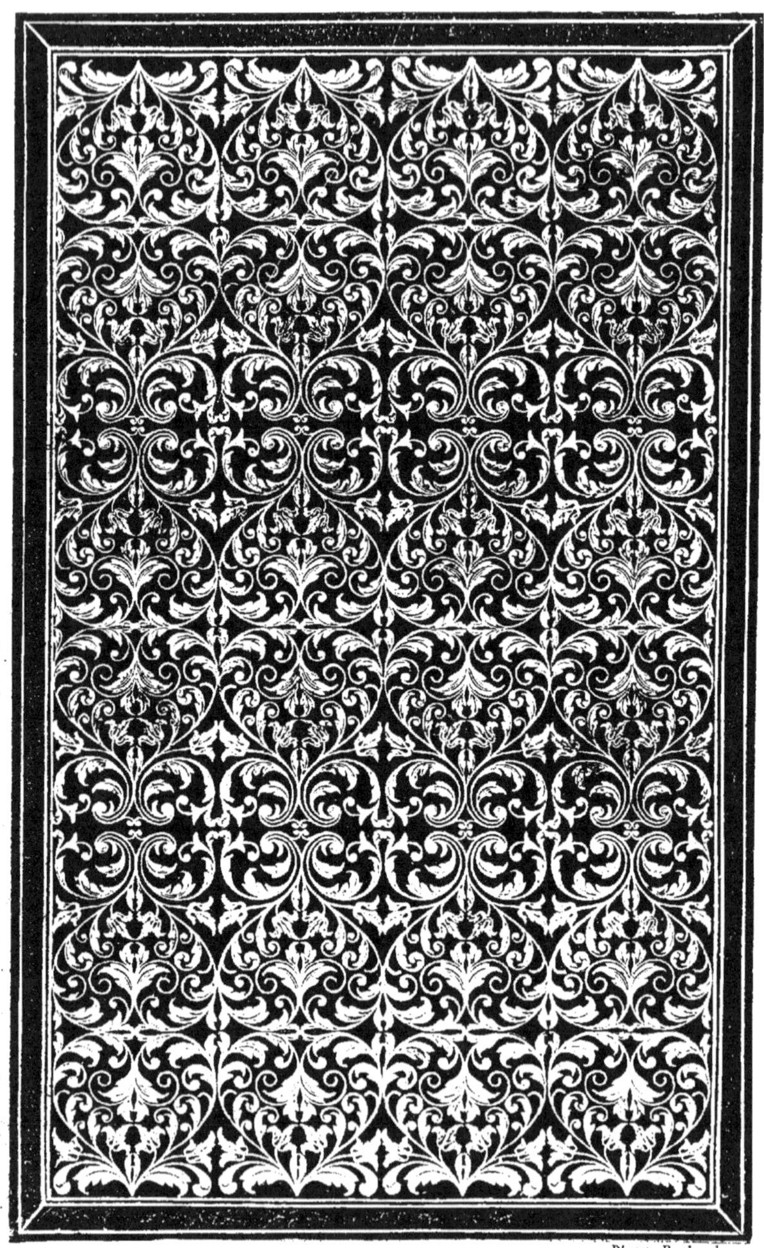

Nᵒ 171. Evvres de Lovize Labé Lionnoize.

de ce genre qui nous sont restés du moyen âge, à
partir du XIe siècle jusqu'au XVIe siècle. *Paris*, 1838-
39, 2 vol. in-fol. oblong, dem. mar. rouge avec coins,
tête dor., non rog. 600 »

Ouvrage rare, orné de 123 planches finement coloriées, montées
sur onglets.

169. **JUBINAL** (Achille). La Armeria real de Madrid,
ou collection des principales pièces de la galerie
d'armes anciennes de Madrid, dessins de C. Sensi.
Paris, 1839, 3 vol. in-fol., demi mar. rouge, avec
coins, tête dor., non rog., planches montées sur onglets. 180 »

127 planches en couleurs, ouvrage très rare.

170. **JUSTINI** historiarum ex Trogo Pompeio libri XLIV.
Parisiis, J. Barbou, 1770, in-12, front., mar, rouge,
très large dentelle sur les plats, dos orné, tr. dor.
300 »

Reliure anciene de Derome de toute fraîcheur.

171. **LABÉ** (Louize). Evvres de Lovize Labé Lionnoize,
reuues et corrigées par la dite Dame. *A Lion, par Ian
de Tournes, MDLVI*, in-8, mar. vert clair, compart, doublé de mar. rouge, couvert de riches ornements, tr.
dor. (*Thouvenin*). 2,000 »

Cet exemplaire a appartenu en 1647 à un Charles Labé, dont la
signature se trouve sur le titre, puis à Charles Nodier dont il
porte l'*ex museo* sur les plats. Belle reliure de Thouvenin. Les
plats intérieurs sont dorés en plein avec une grande richesse.
Exemplaire très grand de marges. La note de la page 166 n'est pas
atteinte. Haut. 165 millim. De la bibliothèque de M. Lebeuf de
Montgermont (vendu 2,700 fr.).

172. **LA BEAUMELLE.** Mémoires pour servir à l'histoire de Madame de Maintenon et à celle du siècle
passé (recueillis par La Beaumelle). *Amsterdam*, 1755,
6 tomes en 3 vol. in-12, titre gravé, portr. — Lettres
de Madame de Maintenon à diverses personnes et à
M. d'Aubigné, son frère (recueillies et retouchées par
La Beaumelle), 9 tomes en 5 vol. in-12. *Amsterdam, aux
dépens de l'auteur*, 1755-56. Ens. 8 vol. in-12, portr.
mar. vert, dos orné, fil., tr. dor. (*Derome*). 400 »

Bel exemplaire contenant les feuillets supprimés dans les Mémoires. Portraits de Mme de Maintenon par Ficquet et Saint-
Aubin ajoutés.

173. LABORDE. Choix de Chansons mises en musique.
Paris, chez de Lormel, 1773, 4 vol. gr. in-8, veau mar-
bré, fil., tr. dor. (*Rel. anc*).   1,600 »

Bel exemplaire grand de marges, contenant un titre gravé avec
fleuron par Moreau, 4 frontispices par Moreau Le Bouteux et Le
Barbier, gravés par Masquelier et Née et 100 figures par Moreau,
Le Barbier, Le Bouteux et Saint-Quentin, gravées par Moreau,
Masquelier et Née. Le texte et la musique sont gravés par Noria et
Mlle Vendôme.

174. LA FAYETTE (Mme de). La Princesse de Mont-
pensier. *Paris, L. Billaine*, 1662, in-12, mar. vert du
levant, à nerfs, dos orné, fil., dent. int., tr. dor. (*Joly,
succ. de Thibaron*).   160 »

Edition originale. Très bel exemplaire.

175. LA FAYETTE (Mme de). Zayde, histoire espa-
gnole par M. de Segrais (Mme de La Fayette), avec un
traité de l'origine des romans par M. Huet. *Paris, Cl.
Barbin*, 1670-71, 2 vol. in-12 de 100-442 et 2 ff., 536 pp.,
mar. rouge, dos orné, comp. à la Duseuil, dent. int.,
tr. dor. (*Lortic*).   250 »

Edition originale. Bel exemplaire. Haut. : 155 mill.

176. LA FONTAINE. CONTES][et][NOVVELLES][
EN VERS de M. De La Fontaine][*A Paris*,][*chez
Claude Barbin au*][*Palais sur le second Perron*][*de la
Sainte Chapelle*][M. DC. LXVII, (1667). *Avec privilège
du Roy*, in-12, de 11 pp. pour le titre et la Préface, 92
pp. et 1 f. pour l'extrait du priuilège. — Deuxième
Partie][des CONTES][et NOUVELLES][EN VERS][
de M. De La Fontaine.]] *A Paris*][*chez Claude Barbin
au Palais*,][*sur le second Perron de la Sainte*][*Chap-
pelle*][M. DC. LXVII (1667) *Avec privilège du Roy*,
in-12, de 11 pp. pour le titre et la Préface, 160 pp. et
2 ff. pour le Privilège, 2 part. en un vol. in-12, mar.
rouge, dos orné, fil., dent. int., tr. dor. (*Dura*). 600 »

Charmant exemplaire de Ch. Nodier. Seconde édition de la première partie et édition originale de la seconde, le tout *avec privilège*. Il paraît que le *retrait* de ces privilèges fut accompagné de
la suppression des exemplaires demeurés en magasin, car ils sont
devenus fort rares. (*Description raisonnée d'une jolie collection
de livres*).

177. LA FONTAINE. Contes][et][Nouvelles][en vers

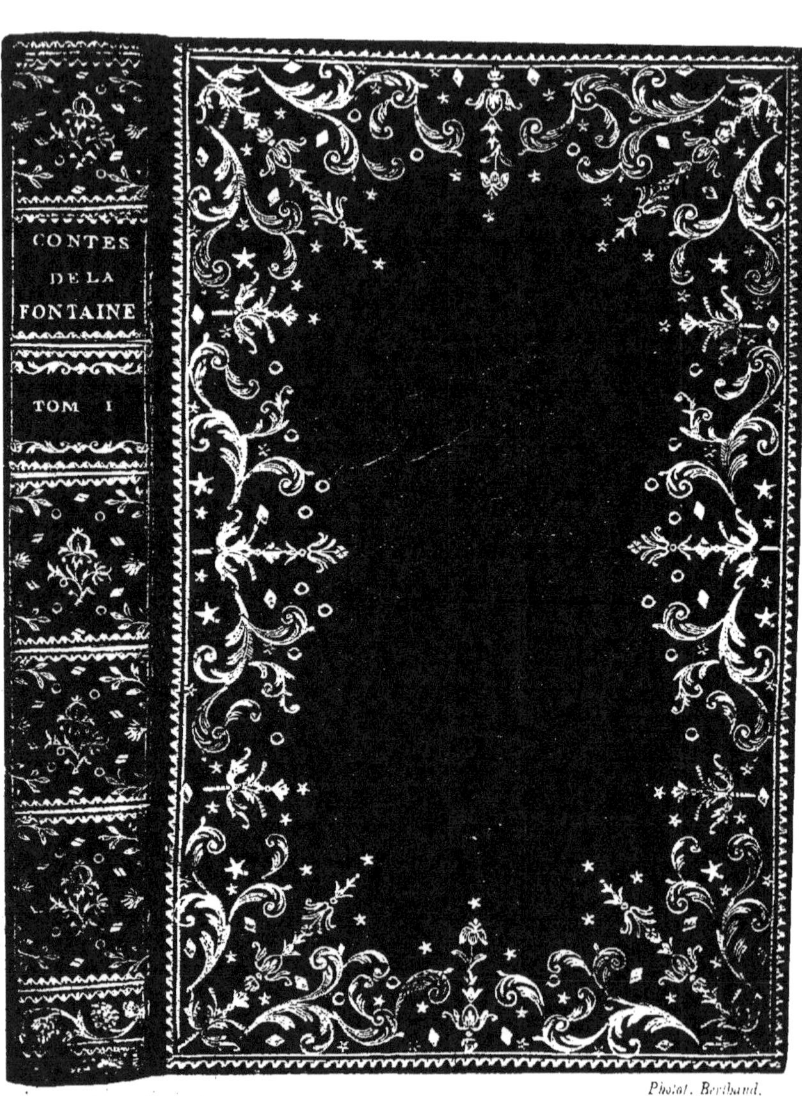

Photot. Bertrand.

Nº 178. Lafontaine, Contes. Édition des fermiers généraux.

][de M. de La Fontaine.][*A Paris*][*chez Louys Bil-laine, dans la grand'*][*salle du Palais, au second pillier,*][*à la paline et au Grand César*][M.DC.LXIX (1669). Avec privilège du Roy, in-12 de 6 ff. et 249 pp., mar. citron, dos orné, fil., dent. int., tr. dor. (*Trautz-Bauzonnel*). 400 ″

Troisième édition dans laquelle on trouve trois nouveaux contes Les ff. préliminaires se composent du titre, de la préface et de la table. A la fin de la « Servante justifiée » (p. 119) se trouvent deux vers rimant mal qui ne sont pas de La Fontaine. Charles Nodier, qui a été le premier à les signaler, les a attribués au caprice d'un compositeur : il n'en donne point la copie par la simple raison qu'on ne peut pas les copier. Superbe exemplaire très grand de marges, dans une excellente reliure. Provient de la collection de M. E. Quentin-Bauchart: (« Mes Livres, », n° 68.)

178. LA FONTAINE. Contes et Nouvelles en vers. *Amsterdam*, 1762, 2 vol. in-8, portraits et figures, mar. vert clair, larges dentelles, doublé de tabis, dos ornés, dent. intér., tr. dor. (*Rel. anc.*). 3,500 ″

Superbe exemplaire de l'édition des fermiers généraux avec les figures d'Eisen gravées par Choffard, la reliure est de la plus grande fraîcheur.

179. LA FONTAINE. Contes et Nouvelles en vers par M. de La Fontaine. *A Amsterdam, (Paris, Barbou)*, 1762, 2 vol. in-8, portr. et fig., mar. rouge, fil., dos orné, tr. dor. (*Derome avec l'étiquette*). 1,300 ″

Bel exemplaire de l'édition des fermiers généraux avec les jolies figures d'Eisen, gravées par Choffard ; la reliure est très fraîche et bien exécutée, les épreuves sont brillantes. Le Cas de Conscience et le Diable de Papefiguière sont découverts.

180. LA FONTAINE. Fables choisies, mises en vers, par M. de La Fontaine. *A Paris; chez Denys Thierry*, 1668, in-4, figures de F. Chauveau, dans le texte, mar. rouge, fil. à la Du Seuil, dos orné, dent. int., tr. dor. (*Trautz-Bauzonnet*). 1,000 ″

Très bel exemplaire de l'édition originale des six premiers livres. — Hauteur : 251 millimètres.

181. LA FONTAINE. Fables choisies, mises en vers par J. de La Fontaine. *Paris, Desaint et Saillant (impr. de Jombert)*, 1755-1759, 4 vol. in-fol. réglés, front. et fig. d'Oudry, mar. rouge, dos orné, fil., coins remplis. tr. dor. (*Rel. anc.*). 6,000 ″

Superbe exemplaire en grand papier de Hollande. Magnifiques

épreuves du premier tirage. Avant le mot *Le Léopard* sur l'enseigne.

Le dos est orné de divers sujets allégoriques tirés des fables de La Fontaine, le Loup et la Cigogne, le Renard et le Corbeau, etc. Les plats portent les armes du duc de Hautefort.

182. LA FONTAINE (J. de). Fables choisies, mises en vers. Nouvelle édition gravée en taille-douce. Les figures, par le Sr Fessard; le texte, par le Sr Montulay. Dédiées aux Enfans de France. *Paris, l'auteur,* 1765-1775, 6 vol. in-8, mar. rouge, fil., dos ornés, tr. dor. (*Rel. anc.*). 500 »

Exempl. de premier tirage contenant : un frontispice, 244 figures, 243 vignettes et 229 culs-de-lampe, gr. d'après Fessard, par Bardin, Bidault, Caresme, Desrais, Houël, Huet, Kobell, Leclère, Leprince, Loutherbourg, Meyer et Monnet.

183. LA FOSSE (Jean Ch. de). Nouvelle Iconologie historique, ou Attributs hiéroglyphiques qui ont pour objets les quatre élémens, les quatre saisons, les quatre parties du monde et les différentes complexions de l'homme, etc. *Paris*, 1768, in-fol., fig., mar. rouge, dos orné, comp. de fil. sur les plats, tr. dor. (*Petit-Simier*). 320 »

108 planches avec texte explicatif gravé.

184. LA MARCHE (Olivier de). El Cauallero determinado traduzido de lengua francesa en castellana por Don Hernando de Acuna, y dirigido al Emperador Don Carlos Quinto Maximo Rey de Espana nuestro Senor. *En Anuers en Casa de Iuan Steelsio.* — (A la fin :) *Fue impresso en la muy leal villa de Anuers, en casa de Iuan Lacio en el Ano de M. D. LIII* (1553), in-4 de 117 ff., fig. sur bois (20), mar. citron, milieux dorés, doublé de mar. rouge, dent., mosaïque de mar. vert, arabesques, tr. dor. (*Chambolle-Duru ; dorure de Marius Michel*). 650 »

Première édition de cette traduction du *Chevalier délibéré.*

185. LARIVEY. Deux Livres de la Filosofie fabuleuse. Le premier prins des discours de M. Ange Firenzuola Florentin, par lequel sous le sens allegorique de plusieurs belles fables, c'est monstree l'enuie, malice, et trahison d'aucuns courtisans. Le second, extraict des traictez de Sandehar Indien Philosophe moral, traic-

tans soubz pareilles allégories de l'amitié et choses
semblables, par Pierre de La Rivey Champenois. *Lyon,
Benoist Rigaud*, 1579, in-16, v. f. ant., dos orné, fil., tr
dor. (*Padeloup*).   80   »

Petit livre rare et fort curieux (voir le catalogue Viollet-le-Duc).
Joli exemplaire de Girardot de Préfond et de Yémeniz.

186. **LEBEUF** (l'abbé). Histoire de la ville et de tout le
diocèse de Paris. *Paris, Prault père*, 1754-1758, 15 vol.
in-12, veau marb.   180   »

Ouvrage recherché, de toute rareté. Les tomes, 10, 11 et 12 dif-
fèrent un peu comme reliure.

187. **LEGRAND D'AUSSY**. Fabliaux ou Contes, Fables
et romans du XII⁰ et du XIII⁰ siècle, traduits ou
extraits par Legrand d'Aussy. Troisième édition, considérablement augmentée. *Paris, Renouard*, 1829, 5 vol.
in-8, fig.. dem. rel. mar. rouge, dos et coins, non
rognés.   150   »

Exemplaire contenant les 18 figures de Moreau en double état :
avant la lettre sur papier de Chine et avec la lettre.

188. **LE MAIRE** (Jan). Les Illustratiõs de Gaule et singularitez de Troye contenât troys pties. Avec lepistre
du Roy à Hector de Troye. Le traictie de la différêce
des scismes et des côcilles. La vraye histoire et nõ fabuleuse du Prîce Syach Ysmail dict Sophy. Le tout
côpose par excellêt hystoriographe Maistre Jan Le
Maire de Belges. En son vivât secrétaire et judiciaire
de très haulte et sacrée princesse madame Anne de
Bretagne deux foys royne de Frâce, neuuellemèt *Imprimées à Lyon par Antoyne du Ry*. Là de grâce mil
CCCCC vingt et huit, 5 parties en 1 vol. in-4. caract
goth., à deux colonnes, mar. rouge, ornements sur les
plats et sur le dos, dent. int., tr. dor., figures sur bois.
(*Niédrée*).   350   »

Bel exemplaire. Haut. 245 millim.

189. **LE MAIRE** (Jan). Les Illustrations de Gaulle et
singularitez de Troye, contenant trois parties, avec
l'épistre du Roi Hector de Troye, le traicté de la diffé-
rence des scismes et concilles, la vraye hystoire, et non
fabuleuse du prince Syach Ysmail dict Sophy. Le tout
composé par excellent hystoriographe maistre Jehan

Le Maire de Belges, en son vivant secrétaire, et judiciaire de très haulte et sacrée princesse Madame Anne de Bretagne deux fois Royne de France. *Nouvellement imprimées à Paris par Pierre Vidoue*, 1540, fort vol. in-8, mar. r., comp., fil., tr. dor. (*Thompson*).　　100 »

> Jolie édition très complète.
> Exemplaire au chiffre de Charles Nodier.

190. **LEPAUTRE**. Œuvres d'architecture. *A Paris, chez Mariette*, 3 vol. pet. in-fol., mar. rouge, dent, dos orné, tr. dor.　　400 »

> Recueil contenant 460 planches, ornements de panneaux, de chapiteaux grotesques à la moderne, frises, frontons, rinceaux, trophées d'armes, dessus de portes, cheminées et lambris, portes cochéres, plafonds, tapisseries, tabernacles, autels, etc., etc.
> Le tome 3 est plus court de marges.

191. **LIÈVRE** (Ed). Musée impérial du Louvre. Collection Sauvageot, dessinée et gravée à l'eau-forte par Ed. Lièvre accompagnée d'un texte historique et descriptif par A. Sauzay. *Paris, Noblet et Baudry*, 1863 in-fol. en feuilles dans un carton.　　100 »

> 120 planches.

192. **LIURE** (Le) de bonne meurs, contenant plusieurs chapitres come il appert par la table sequente. Imprime nouvellement à Paris — *Cy fine le liure intitule de Bonnes meurs, compile par frère Iacques le grant, de lordre de saint Augustin. Imprime à Paris par Michel le noir, libraire iure en luniuersite de paris, a lenseigne de la Rose blanche couronnee*. S. d., in-4 de 48 ff. à 2 col., caract. goth., mar. r. comp. de fil doublé de mar., vert, larges dentelles, tr. dor. (*Belz-Niédrée*)　　300 »

> Édition non citée au *Manuel du Libraire*.

193. **LIVRE** (le) des prouffits champestres et ruraulx, composé par Maistre Pierre des Crescens, trad. de langue toscane en françoys, auquel est traicté de la cougnoissance du bon air, de la bonne terre, des bonnes eaues, du labour des champs, vignes, jardins, etc., de la manière de nourrir toutes bestes, volailles et oiseaulx de proye, pareillement la manière de prendre toutes bestes sauvages, poissons et oyseaux. *On les vend à Lyon, en la maison de Pierre de Saincte-*

Lucie dict le Prince, 1539, pet. in-fol., gothique, fig.
s. bois, veau brun, mosaïque sur les plats, tr. ciselée
(*Rel. anc.*). 800 »

Charmante reliure mosaïque très habilement restaurée.

194. **LORLOGE DES PRINCES**, a la serenite de tres-
hault et trespuissant seigneur Henry, primogenit.
Daulphin de France, et duc de Bretaigne. Traduict
despaignol (d'Ant. de Guevara) en langaige françois
(par René Bertaut, sieur de la Grise). — *Fin des trois
liures de Lorloge des princes, auquel est contenu le liure
d'or de Marc Aurele empereur, traduict de langaige
espaignol en françoys, et nouvellement imprimé à Paris,
par Estienne caueillier imprimeur, pour Galiot du pre,
libraire iure de Luniuersite dudit lieu. Lan M. V. xl*
(1540). In-fol., caract. goth., fig. sur bois, mar. rouge,
coins dores à fcuillages et compart., dos orné, dent.
intér., **tr**. dor. (*Lortic*). 500 »

195. **LORRAIN** (Claude le). Liber veritatis, or a Collection of Prints after the original designs of Claude le
Lorrain; iu the collection of his grace the duke of
Devonshire, executed by Richard Earlom, in the man-
ner and taste of the drawings, to which is added a
descriptive catalogue of each print; together with
the names of those for whom, and the places for
which, the original pictures were first painted
(Taken from the hand-writing of Claude le Lorrain)
of the back of each drawing and the present posses-
sors of many of the original pictures. *London, Boydell,
and Co, Cheapside, s. d.*, 3 vol. in-fol., demi maroq.
rouge à coins, filets or, dos orné, tr. dor. 350 »

Collection de 300 pl., très rare.

196. Les loups rauissans.
Cestuy liure,
Ou autrement doctrinal moral,
Intitule est : qui deliure,
Douze chapitres en general,
Ou chacun, se brutte et rural
Nest par trop, il pourra congnoistre
Comment euiter vice et mal,
On doit et tresvertueux estre.

(Au recto du dernier feuillet :) *Cy fine ce present*

liure des loups rauissans fait et compose par maistre Robert gobin prestre maistre es ars, licencie en decret, doyen de crestiete de laigny sur marne... Imprime pour anthoine Verard marchant libraire demourant à Paris deuant la rue neufue nostre dame. S. d. (vers 1503), in-4 de 308 ff., caract. goth., mar. vert, fil., dos orné, doublé de mar. rouge, compart. et arabesques, dorure au pointillé, tr. dor. (*Chambolle-Duru ; dorure de Marius Michel.*) 1,000 »

Ouvrage rare et certainement des plus curieux que nous ayons en ce genre. L'auteur a voulu en faire un traité de morale; mais, comme le dit Goujet (*Bibliothèque française*, tome X, page 178) : « Rien de plus bizarre et de moins convenable à son but que le tour qu'il prend pour détourner du vice ceux qu'il avait dessein d'instruire. *Les Loups rauissans* parlent chez lui aussi souvent que *Sainte Doctrine*; et que ne disent-ils pas? Les maximes les plus corrompues sont dans leur bouche; leur école est celle du libertinage le plus outré : les peintures qu'on y fait des vices y sont extrêmement libres; tout y est montré sans voile; tout y est dit sans énigme. »

197. MAROT. Œuvres de Clément Marot de Cahors, valet de chambre du Roy, reveues et augmentées de nouveau. *La Haye, Adrian Moetjens,* 1700, 2 vol. pet. in-12, mar. rouge, dos ornés, tr. dor. (*Reliure ancienne.*) 250 »

Excellente reliure de Boyet. Jolie édition la plus recherchée. Haut. 131 mill.

198. MATHAEI BOSSI, Veronensis, canonici regularis. De instituendo sapientiæ animo Disputationes per dies VIII, in pratis D. Leonardi iuxta Veronam religiosissime habitas, lector, agnoscito pieque gustato, quibus o vere sapiens per Christum erudito. — ... *Opus hoc impressum... a Platone de Benedictis Bononiæ, anno Salutis milesimo quadringentesimo nonagesimoquinto* (1495), *Octauo idus Nouembris.* In-4 de 128 ff. — Mattaei Bossi... In Iesu Christi Salvatoris passione flebilis et deuottissimus sermo. — *Impressum Bononiæ per platonem de Benedictis de Bononia anno sal utis milesimo quadringétesimo et nonagesimoqnto* (1495) *tertio idus Nouembris.* In-4. de 12 ff. Ensemble 2 parties en 1 vol. in-4, mar. brun, fers à froid (*Rel. anc.*). 800 »

Superbe exemplaire de ce volume rare, imprimé sur peau de vélin. Les grandes initiales sont peintes et rehaussées d'or. (Hain. numéros 3677 et 3678).

199. MÉMOIRES DE GAUDENCE DE LUQUES, prisonnier de l'Inquisition, augmentés de plusieurs cahiers qui avoient été perdus a la douane de Marseille, enrichis de scavantes remarques de M. Rhedi et de figures en taille-douce. *A Amsterdam,* 1753, 2 vol. in-12, fig., mar. rouge, larges dent., dos ornés, gardes de pap. doré, tr. dorée. (*Rel. anc.*)   600   »

Bel exemplaire dans une très belle reliure de Dubuisson.

200. MÉON ET BARBAZAN. Fabliaux et Contes des poètes françois des XIe et XVe siècles, tirés des meilleurs auteurs, publiés par Barbazan. Nouvelle édition revue par M. Méon. *Paris, Warel, imprimerie de Crapelet,* 1808, 4 vol. — Nouveau Recueil de fabliaux et contes inedits publié par M. Méon. *Paris, Chasseriau,* 1823, 2 vol. — Ensemble, 6 vol. gr. in-8, demi mar. rouge avec coins, tète dor., non rog. (*Brany.*)   300   »

Splendide exemplaire en grand papier de Hollande, très rare avec 6 figures, celles du Nouveau recueil sont en double état sur chine collé et sur papier vélin.

201. MER (La) des Croniques et Mirouer historial de Frãce iadis copose par religieuse personne frere Robert Gaguin : Lequel traicte de tous les faictz aduenuz depuis la destruction de Troye le grant, tant es royaulmes de France que Angleterre, Irlande, Espaigne, Gascongne, Flandres et lieux circonuoysins. Nouuellement translate de latin en francoys, additionne de plusieurs additions iouxte les premiers imprimez, iusques en l'an cinq cens et XVIII, auec les Genealogies de France. *On les vend en la rue des Carmes a lenseigne sainct iehan Baptiste. — Cy finit la Mer des Croniques et miroir historial de France... lequel traicte de tous les faictz aduenuz depuis la destruction de Troye la grant, jusques en lan mil CCCCC et XVIII. Nouuellement imprimez a Paris par maistre Nicolle de la barre, s. d.,* pet. in-fol., de 12 ff. lim. et 246 ff. chiffrés, caract. goth., fig. sur b., mar. rouge jans., doublé de mar. rouge, dent. int., tr. dor. (*Chambolle-Duru.*)
                                                   400   »

202. MER (La) des cronicques et mirouer hystorial de France, jadis composé en latin par religieuse personne frère Robert Gaguin, et nouvellement traduict de latin en vulgaire françoys et historié par chascun livre, lequel traicte la source et origine des françoys et les faitz belliqueux de tous les roys de France et aultres faitz advenuz depuis la destruction de Troye la Grant tant es pais et royaulme de France que Angleterre, Irlande, Espaigne, Gascongne, Flandres et lieux circonvoysins et augmenté de nouveau jouxte les premiers imprimez de plusieurs faictz advenuz esditz pais depuis le joyeulz regne et advenement du tres chrestien roi de France Françoys premier de ce nom jusques au mois daoust l'an de grâce mil cinq XXX. Avec les généologies de France et annalles de Gaule, nouvellement imprimé à Paris, par Jacques Nyverd. *On les vend à Paris, par François Regnault*, 1530, in-folio, caract. goth., fig. sur bois, mar. r., fil , dent. intér., tr. dor. (*Trautz-Bauzonnet.*)   300 »

Bel exemplaire.

203. MÉRARD DE SAINT-JUST. Espiègleries, Joyeusetés, Bons mots, Folies, des Vérités (imprimé d'abord sous le titre : Œuvres de la marquise de Palmarèze). *A Paris, chez l'auteur*, 1782, 3 vol. in-18, demi rel. mar. bleu, coins, entièrement non rog.   175 »

Très bel exemplaire d'un livre recherché. Un des 40 exemplaires tirés sur papier vélin. On a ajouté un charmant portrait de Mérard de Saint-Just gravé par Lebeau.

204. MERCIER (L.-S.). Tableau de Paris, critiqué par un solitaire du pied des Alpes. *A Nyon, en Suisse, de l'imprimerie de Natthey et Cie*, 1783, 6 vol. in-8, demi rel., veau fauve antique.   150 »

Exemplaire auquel on a ajouté le frontispice et 94 figures à l'eau-forte, dessinés et gravés par Dunker.

205. MERCURI. Costumes historiques des XIIe, XIIIe, XIVe et XVe siècles, tirés des monuments les plus authentiques de peinture et de sculpture, dess. et grav. par P Mercuri, avec texte historique et descriptif par C. Bonnard, édit. revue par Ch. Blanc. *Paris*, 1860-61, 3 vol. avec 200 planch. color. — Costumes historiques des XVIe, XVIIe, XVIIIe siècles, par Le Chevallier-Chevignard, avec texte par G. Duplessis.

Paris, 1867, 2 vol. avec 150 planches coloriées. — Ens. 5 vol. in-4, demi rel., dos et coins de mar. bl. à nerfs, fil. tr. dor. (*Petit-Simier.*) 300 »

Bel exemplaire.

206. **MERLIN** (G.). L'Exposition de leuangile Missus Est, de nouueau faicte et imprimee contenant le mystere de la reparation de nature humaine MCCCCCXXXVIII (1538). *On les vend a Paris en la rue sainct Iacques a lenseigne de la licorne et a lenseigne de la fleur de lys... Imprimees a Paris par Ioland bonhomme... veufue de feu Thielman keruer... et pour Iehan petit*, in-8, mar. brun, dent. int. dor. (*Petit.*) 150 »

Figures sur bois.

207. **MESZEULREUTER** (Johan). Neueroffneter Masquen-Saal, oder : Derverkleinleten Heydnischen Gotter, Gottinnen und vergotterter Helden theatralischer Tempel. . *Bayreuth, Lobern*, 1723, in-fol., pl. demi rel. vél. blanc. 250 »

202 planches de masques, costumes de théâtre, etc.

208. **MICHEL** (Ad.). L'Ancienne Auvergne et le Velay. Histoire, archéologie, mœurs, topographie. *Moulins, imprimerie Desrosiers*, 1843-1847, 4 vol. in-fol., demi rel. mar. noir, dos et coins, tète dor., n. rog. 225 »

143 planches.

209. **MILLINGEN** (James). Peintures antiques de vases grecs de la collection de sir John Coghill, Bart. *Rome*, 1817, 2 vol. in-fol., demi rel., mar., avec coins, tètes dor., non rog. 140 »

112 planches gravées.

210. **MODE** (La) qui court a present et les singularitez d'icelle, ou l'Ut, re, mi, fa, sol, la, de ce temps. *Paris, chez Fleury Bourriquant, s. d.* — Response au reformateur de la mode qui court. *Paris, chez Estienne Perrin*, 1613. — Le Changement de la Court (en vers). S. l., 1624. — L'Estonnement de Mre Guillaume sur le changement de la Cour (en vers). S. l. 1624. — Tablettes adressées aux dames de la Cour (en vers), S. l., 1624. — Lettres d'Erothée à Neogame, ou d'une jeune espousée à son espoux, qui l'a abandonnée la première nuict

de ses nopces. *S. l.*, 1621. — Response de Neogame à Erothée s'excusant de ce qu'il l'a quittée, et laissée seule dans son lict la nuict de ses nopces. *S. l.*, 1624. — L'Adieu du plaideur à son argent (en vers). *S. l. n. d.* — Factum du procez entre messsire Jean et dame Renée (en vers). *S. l. n. d.* — Les Moyens très utiles et nécessaires pour rendre le monde paisible et faire en brief revenir le bon temps (en vers). *Paris, pour Anthoine Du Breuil*, 1615. — Ensemble 10 pièces en un vol. pet. in 8, mar. rouge, fil.. dos orné, dent. int., tr. dor. (*Trautz-Bauzonnet.*)   230 »

211. **MOLIÈRE**. Œuvres de M. de Molière. *Amsterdam, Jacques Le Jeune, Dan. Elzévier,* 1675. 5 vol pet. in-12. — Œuvres posthumes de M. de Molière, enrichies de fig. en taille-douce. *Amsterdam, Jacques Le Jeune,* 1684, pet. in-12. Ensemble 6 vol. in-12, mar. rouge, dos ornés. tr. dor. (*Lortic*).   250 »

    Hauteur 129 millim.

212. **MOLIÈRE**. Œuvres avec des remarques grammaticales, des avertissements et des observations sur chaque pièce, par M. Bret. *Paris, pour la compagnie des libraires associés,* 1773, 6 vol. in-8, veau écaille, fil.. tr. dor.   250 »

    Bel exempl. du 1ᵉʳ tirage avec les deux ff. de remarque. Cette édition contient : 1 portrait d'après Mignard, gravé par Cathelin : 6 fleurons sur les titres par Moreau et 33 fig. par Moreau.

213. **MOLIÈRE**. Le Théâtre de J. B. Poquelin de Molière collationné minutieusement sur les premières éditions et sur celles des années 1666, 1674 et 1682. *Lyon, Scheuring,* 1864, 8 vol. in-8, br.   350 »

    Exemplaire sur papier de Hollande (n° 22). Eaux-fortes de Fr. Hillemacher. La Cérémonie du malade imaginaire s'y trouve. Très rare sur ce papier.

214 **MONDE** (le) plein de folz, ou le Théâtre des nains, enrichi d'un discours chêné de leurs personnages. *Amsterdam, Wilhelmus Koning,* 1716, 2 parties en 1 vol. in-fol., 2 frontispices et fig. gr., avec quatrains en allemand, français et hollandais, vél. blanc.   220 »

    Recueil de 58 figures grotesques, entourées d'ornements bizarres. gravées en partie par Folkema. A la suite du volume, se trouvent 12 autres fig. satyriques sans encadrements.

215. **MONNIER** (Henry). Les Bas-Fonds de la société. *Paris, Claye*, 1862, gr. in-8, rel. vélin blanc, non rog. 550 »

On a ajouté 121 charmantes aquarelles dans les marges, par Penot.

216. **MONTAIGNE**. Les Essais de Michel seigneur de Montaigne. Édition nouvelle, prise sur l'exemplaire trouvé après le décès de l'autheur, reveu et augmenté d'un tiers oultre les précédentes impressions. *A Paris, chez Abel L'Angelier*, 1604, in-8, titre frontispice gravé, mar. rouge jans., dent. int.,tr.dor.(*Trautz-Bauzonnet.*) 300 »

Très jolie édition inconnue à Brunet, contenant 1 titre, 1 feuillet de préface, 32 ff. de table et 1032 pages chiffrées. Haut. 165 mill. Très-bel exemplaire.

217. **MONTESQUIEU**. Le Temple de Gnide. Nouvelle édition avec figures gravées par N. Le Mire, d'après les dessins de Eisen. Le texte gravé par Drouet. *Paris, chez Le Mire, graveur, avec privilège du Roi*, 1772, in-8, de 104 pp., mar. rouge, fil., dos orné, dent. intér., tr. dor. (*Lortic*). 500 »

Très bel exemplaire. Titre gravé, frontispice renfermant le portrait de Montesquieu en médaillon, vignette en tête de la dédicace, et 9 très belles figures dont 2 pour Céphise et l'Amour. Très belles épreuves
On a ajouté : une silhouette de Montesquieu, par Prévost, et un portrait par Dassier, faisant partie de la suite d'Odieuvre.

218. **MONTESQUIEU**. Le Temple de Gnide (suivi de Arsace et Isménie), par Montesquieu. *A Paris, de l'Imprimerie Didot l'aîné*, an III (1795), in-12, fig. mar. vert, dos orné, enc. de fil., tr. dor. (*Bozérian*). 250 »

Exemplaire en grand papier vélin ; portrait de Montesquieu par Saint-Aubin sur le titre, et 12 figures par Regnault et Le Barbier, avant la lettre.

219. **MUSEO ESPANOL** de Antiguedades, bajo la direccion del doctor don Juan de Dios de la Rada y Delgado. *Madrid, Fortanet*, 1872, 7 vol. in-fol., demi mar. rouge, non rog. 750 »

211 planches noires et coloriées.

220. **MUSSET** (Alfred de). Œuvres complètes, avec lettres inédites, variantes, notes, index, fac-simile, no-

tice biographique par son frère. *Paris, Charpentier*, 1866, 10 vol. gr. in 8, dem. mar. olive avec coins tête dor. n. rog. Couv.　　　　600 »

Édition des amis du poète. Exemplaire en grand papier de Hollande.

Superbe exemplaire auquel on a ajouté la suite de : Un titre gravé, 1 pl. de préface, 58 figures et une table avec en-tête publiée par Morgand en 1883. Aquarelles de Eug. Lamy et eaux fortes par Ad. Lalauze.

221. MUTIO. Le combat de Mutio justinapolitain, avec les responses chevaleresses. Auquel est amplement traitté du légitime usage des combats, et de l'abus qui s'y commet : si qu'il peut servir de droite règle à la noblesse, pour la défense de l'honneur : et aux princes de moyen très-seur en l'octroy d'iceux, combats, traduict d'Italien en François par Antoine Chapuis Dauphinois. Nouvellement revu et corrigé : *A Lyon, par Antoine Tardif*, 1582, in-8, de 426 pp. inexactement chiffrées et 13 ff. de table mar. rouge jans dent. int. tr. dor. (*Trautz-Bauzonnet*).　　　　160 »

Très bel exemplaire de ce livre rare qui contient des détails très curieux sur les duels, rencontres en champ clos, combats singuliers, etc., et les devoirs des nobles et chevaliers en ces occasions.

222. NAVIS STULTIFERE COLLECTANEA : ‖ Ab Jodoco Badio Ascensio vario carminŭ genere nõ sine ‖ eorudem familiari explanatione constata. ‖ *Venundatur Parisiis in vico sancti Jacobi sub Pelicano* : ‖ *Et in ædibus Ascensianis*. ‖ (A la fin :) *Ex officina nostra in Parrhisiorŭ Pacademia nobilissi*‖*ma VI, Idus Maias Anno salutis M.D.VII.* (1507) in-4, fig. sur bois. v. f. ant. dos orné. comp. à mosaïques de v. noir et argentés, fil. avec fers azurés et médaillons dorés, tr. dorée et ciselée, étui (*Rel. du XVIᵉ siècle.*)　　　　1.000 »

Jolie reliure, mais fortement restaurée. Au centre de chaque plat se trouve un médaillon doré, le premier contient le portrait de HENRI II et le second le chiffre de CATHERINE DE MÉDICIS (H. C.) avec la devise *Omnium victorem vici*.

223. NEGRI (Cesare detto il Trombone). Nuove inventioni di Balli. Le Gratie d'Amore, opera divisa en tre trattati. *In Milano, appresso Girolamo Bordone*, 1604, in-fol., v. brun.　　　　300 »

Ouvrage rare, renfermant portrait de l'auteur et 58 figures dessinées par Mauro Revera, gr. par L. Pallavicino, représentant des personnages des deux sexes en riches costumes de cour.

224. NEUF PREUX (les). Chronica llamada et Triumpho de los nueue mas preciados varones de la Fama. En la qual se côtiene las grandes proezas y hazanas en armas por ellas hechas. La qual es un dechado de canalleria. Traduzida en nuestro vulgar castellano por Antonio Rodriguez Portugal. *En Barcelona impressa a costa de Balthasar Simon.* — (A la fin :) *Imprimio se la presente historia en Barcelona en casa de Pedro Malo impressor de libros.* Ano de MDLXXXVI (1586). in-fol. de 6 ff. lim. et 128 ff chiffrés à 2 col., lettres rondes, mar. rouge, fil., doublé de mar bleu, compart. et arabesques, dos orné, tr. dor. (*Hardy-Mennil*; dorure de *Marius Michel*).   800 »

Bel exemplaire de cette très rare chronique.

225. NEWCASTLE (G.-Cavendish). Méthode et invention nouvelle de dresser les chevaux, œuvre auquel on apprend à travailler les chevaux selon la nature, et parfaire la nature par la subtilité de l'art. *London, J. Brindley*, 1737, in fol., veau (rel. un peu fatiguée).   220 »

Ouvrage recherché pour ses belles planches. Quelques mouillures.

226. NOTABLES Ensei][gnements / adages et proverbes : faitz et com][posez par Pierre Grĭgoire dit Vauldemõt][herault darmes de hault et puissant]| seigneur monsieur le duc de Lorrai][ne / nouvellemêt reveuz et cor][rigez avecqz plusieurs][aultres adioustez][outre la prece][dente im][pression. *On les vend en la grande salle du Palays au*][*premier pilier / en la boutique de Galliot du pré*][*marchant libraire iuré de luniversité de Paris* (A la fin :) *Fin des notables / enseignements / et ada*][*ges faitz et composez par Pierre Gringoire*][*dit Vauldemont / avecques plusieurs autres*][*nouvellement adioustez et imprimez a Pa*][*ris / p Nicolas Couteau, imprimeur demou*][*rant audit lieu / et furét acheves dimprimer*][*le xxvi iour du moys de janvier / l'an de*][*grâce mil cinq cens vingt et huyt* (1528), in-8, goth., mar. citron, dos orné, fil., tr. dor. (*Rel anc.*).   200 »

Seconde édition de ce livre rare. plus complète que la première : c'est la même que celle qui est décrite au *Manuel*, mais avec une autre marque de libraire ; elle comprend 2 ff. prél. et 123 ff. chiff.

(le dernier coté par erreur 133) et 1 f. non chiff. contenant au verso
la marque de Galliot du Pré; au verso du second feuillet on remarque une figure sur bois représentant Gringoire offrant son
livre au roi Louis XII, gravée par Tory.

Exemplaire atteint par l'humidité dans le fond des marges et
restauré dans le bas des premiers ff.; il provient de la bibliothèque
Firmin-Didot. Au bas du titre, on lit cette signature : *de la Fontaine* qu'on croit être celle du grand fabuliste dans son jeune âge.

227. NOVUM Jesu Christi D. N. Testamentum (græce)
cum duplici interpretatione D. Erasmi, et veteris inter-
pretis : Harmonia item Evangelica, et copioso indice.
Ex officina Roberti Stephani, 1551, 2 vol. in-16, mar. r.,
riches comp. (*Rel. du XVIe siècle*).   750 »

On lit sur le premier plat de la reliure : *Philippus Le][Bel*,
et sur le second plat : *Inspi][ràte]. Deo*.
Exemplaire de Yémeniz.

228. OBRA compuesta por Lucio Marinco Siculo Coro-
nista d'sus Majestades de las cosas memorables de
Espana. Ano de MDXXXIX. — (A la fin :) Acabose la
presente obra de las cosas illustres y excellentes de
Espana. *En la noble villa de Alcala de Henares. En
casa de Iuan de Brocar a catorze dias del mes de Iulio
de mil y quinientos y treynta y nueue* (1539). Anos.
in-fol. de 10 ff. lim. et CXCII ff., caract. goth., mar.
rouge jans., doublé de mar. bleu, dent. int., tr. dor.
(*Chambolle-Duru*).   300 »

Bel exemplaire.

229. OFFICIUM beatæ Mariæ Virginis, nuper reforma-
tum, et Pii V Pont. Max. Jussu editum. Ubi omnia
suis loci sunt extensa, cum indulgentiis et orationibus
à Clemente VII ordinatis. *Parisiis, apud Eustachium
Foucault*, 1620, in-16, mar rouge, dos et plats converts
de riches dorures, tr. dor., fermoirs (*Rel anc.*). 250 »

Figures gravées par M. Faure.

**230. OLIVIER DE CASTILLE ET VALENTIN ET
ORSON**. In disem buch werdè begriffen zwo wunder-
barlicher hystorien, die erst von Olinier vnd Arto...
die ander hystori von Valentino vnd Orso. *Gedruckt
durch Adam Petri von Lan.gendorff zu Basel*, 1521,
in fol. de 6 ff. lim. et 182 ff., fig. sur bois, mar. rouge,

doublé de mar. bleu, larges dentelles, dos orné, tr.
dor. (*Belz-Niédrée*). 1,000 »
Livre très rare. Raccommodages aux derniers feuillets.

231. OLIVIER DE SERRES. La Cueillette de la Soye,
par la nourriture des vers qui la font, echantillon du
théâtre d'agriculture. *Paris, Janet Métayer*, 1599, in-8,
vélin blanc, fil., tr. dor. (*Jolie reliure ancienne*) 100 »
Edition originale de 118 pp. non compris les 6 ff. prélim. et le f.
de souscription. Très bel exemplaire dans sa condition primitive.

232. OPPENORD (Gille-Marie), directeur général des
bâtiments de S. A. R. Mr le duc d'Orléans. Son œuvre,
contenant différents fragments d'architecture et d'ornements à l'usage des bâtiments, etc. *Paris, Huquier*,
s. d., in-fol., demi rel., mar. rouge. 1,500 »
Titre, portrait, dédicace, 117 planches en 80 feuilles gravées par
Huquier.
Bel exemplaire.

233. ORIGINE (L') des masques, mommeries, bernez, et
revennez es iours gras de caresme prenât, menez sur
l'asne a rebours et charivary. Le jugement des anciens Peres et philosophes sur le subject des Masqua-
rades, le tout extraict du livre de la mommerie de
Claude Noirot juge en la mairie de Lengres. *A Lengres,
par Jehan Chauvetet,* 1609, petit in-8, v. f. ant., fil., tr.
dor. (*Padeloup*). 150 »
Ouvrage singulier, curieux et fort recherché.

234. OVIDE. Du Remede][Damours. Translate nouvellemet de][latin en françoys avec lexpo][sition des
fables côsonantes][au texte imprime à Paris.][
Cum privilegio][(A la fin :)... *Imprimé à Paris, le
quatriesme iour de fevrier lan mil cinq cens et neuf
pour Antoine Verard...* (1509), in-fol. mar. bleu, comp,
de fil., larg. dent. int., tr. dor. (*Rel. anglaise*). 200 »
Seule édition connue et rarissime de cette traduction anonyme
en vers qui passe pour être d'Octavien de Saint-Gelais; elle se
compose de 117 ff. non ch. sign. a-v III par 6 ff. à 39 lignes par
page imprimés en caractères goth. et est ornée de 3 figures sur
bois. Exemplaire très grand de marges : le plus grand connu, mais
avec quelques feuillets (7) à la fin très habilement refaits. Hauteur : 277 mill.

235. PALLADIO. Les Bâtiments et les Dessins d'André

Palladio, recueillis et illustrés par Octave Bertotti
Scamozzi, en italien et en français. *Vicence*, 1776-83,
5 vol. gr. in-folio, veau.   120 »

236. **PALLIOT** (P.). La vraye parfaite science des armoiries ou l'indice armorial de feu maistre Louvan
Gelliot, advocat au parlement de Bourgogne. Augmentée par P. Palliot. *Dijon, A. Palliot*, 1668, in-fol. veau.
                                                             300 »

Frontispices et blasons dans le texte. La marge du bas du frontispice est coupée. Exemplaire bien complet.

237. **PARADIN** (Claude). Quadrins historiques de la
Bible. *Lyon, Jean de Tournes*, 1553. — Quadrins historiques d'Exode. *Lyon, Jean de Tournes*, 1553. — Les
figures du Nouveau Testament. *Lyon, Jean de Tournes*,
1554. — Ens. 3 parties en 1 vol. in-8, vign. grav. sur
bois, mar. r. jans. doublé de mar. bleu, large dent.
tr. dor. (*Motte*).   700 »

Premières éditions de ces trois parties. Les quadrins historiques
ont 45 ff. non ch. sign. A à E par 8 ff. et F par 1 ff., avec 74 vignettes
gravées sur bois par Bernard Salomon dit le Petit-Bernard. —
L'Exode. suivie des autres parties de l'Ancien Testament. comprend
164 ff. et est ornée de 125 vignettes. — Les figures du Nouveau
Testament. 52 ff. non ch. sign. A à F par 8 ff. et G par 4 ff. avec
75 vignettes.
Les vignettes de l'Apocalypse sont tirées sans le texte.

238. **PARNASSE** (Le) satyrique du sieur Théophile.
S. L. (Hollande), 1660 — Le Cabinet satyrique ou recueil parfait des vers piquants et gaillards de ce temps,
tiré des secrets cabinets des Sieurs de Sigognes,
Regnier, Motin, Berthelot, Maynard, et autres des
plus signalés poètes de ce siècle; dern. édition, reveue,
corrigee, et de beaucoup augmentée. S. L. (A la
Sphère), 1666. — 2 vol. pet. in 12, front. gravé,
maroq. citron, fil., dos orné, doublé de maroq. olive.
large dent. à petits fers, tranche dorée (*Thibaron-Joly*.
                                                             700 »

Edition fort jolie. que l'on fait entrer dans la collection des El-
sevier. — Elle est sortie des presses de Hackius à Leyde. — Bel
exemplaire, reliure uniforme des 3 volumes.

239. **PASSE** (Le)][temps de][tout homme et de tou][te

femme, nouvellemet][(revu) et corrigé, et imprimé nou][vellement à Paris.

> Ceulx qui vouldrôt au long ce livre lire
> Le trouveront bien fonde en raison :
> Aussi le feist le bon moyne de Lyre
> Qui damours faulses composa le blason.

On les vend à Paris en la rue Neufve][*Nostre Dame, a lymage Sainct Nicolas par*][*Jehan Sainct Denys*][*s. d.* pet. in-8, goth. mar. r. milieu, dent. int. tr. dor. (*Trautz-Bauzonnet*).   400 »

Edition très rare, inconnue à Brunet et à ses continuateurs ; elle comprend 155 ff. non ch. sig. *a-t*, par 8 ff. *v* par 4 ff.. titre rouge et noir. fig. sur bois au verso du titre. L'épître de Vérard en 44 vers dont parle Brunet s'y trouve, ainsi que dans l'édition précédente.

Bel exemplaire, grand de marges.

240. **PERRAULT**. Histoires][ou][Contes du temps passé][avec des Moralitez. *A Paris, chez Claude Barbin sur le second Peron de la sainte Chapelle au Palais avec privilège de Sa Majesté*, M. D. C. XCVIII (1697), in-12, de 4 ff. prél. 200 pp. et 1 f. pour le privilège, mar rouge jans. doublé de mar. vert, riche dent., tr. dor (*Trautz-Bauzonnet*)   3,000 »

Edition originale rarissime des contes de Perrault. Superbe exemplaire grand de marges (haut. 150 millim). Elégante reliure.

241. **PIOT** (Eugène). Le Cabinet de l'amateur et de l'antiquaire, revue des tableaux et des estampes anciennes, des objets d'art, d'antiquité et de curiosité (par Eugène Piot). *Paris, au bureau du journal,* 1842-1846, 4 vol. in-8, fig. dans le texte, demi rel., mar. grenat, avec coins, tête dor., ébarbé.   150 »

Exemplaire ayant au tome III la planche de Meissonier : « le Fumeur ».

242. **POLYPTYQUE** de l'abbé Irminon, ou Dénombrement des manses, des serfs et des revenus de l'abbaye de Saint-Germain-des-Prés sous le règne de Charlemagne; publié d'après les manuscrits de la Bibliothèque du Roi, avec des Prolégomènes pour servir à l'histoire de la condition des personnes et des terres depuis les invasions des barbares jusqu'à l'institution des communes, par M. B. Guérard. *Paris, imprimerie*

royale, 1844, 2 tomes en 3 vol. in 4°, demi veau fauve, dos ornés, fil., tête peig., n rog. (*Thierry.*)   200 »

Envoi autographe de M. Guérard à M. J. Desnoyers. Bel exemplaire.

243. **PREMIER** (le) (second, tiers et quastriesme) volume de la mer des histoires et croniques de France... Et fut ascheue de imprimer *à Paris pour Galliot du Pre, Michel Le Noir et Iehan Petit*, 1517-1518, 4 vol. pet. in-fol., caract. goth. à 2 col., mar. rouge, fil., dos à feuillages, dent. int., tr. dor. (*Marius Michel.*)   800 »

Edition rare et la plus complète des « Chroniques de Saint-Denis. » Elle contient de plus que les précédentes, les règnes de Charles VIII, de Louis XII, et le commencement de celui de François Ier. On trouve en outre, à la tête de l'ouvrage, une partie nouvelle de 170 feuillets, contenant une introduction où il est traité des premiers âges du monde et de l'origine des Français et des Bretons. Il est à remarquer que cette introduction a été prise presque intégralement pour les premiers âges du monde, dans la « Mer des Histoires, » et, pour l'origine des Français et des Bretons, dans le premier et le troisième livre de l' « Illustration des Gaules » de Le Maire de Belges et dans le « Roman de Brut » Le compilateur, ou plutôt le plagiaire (Jean de Courtils), n'a eu qu'à substituer son nom à celui de Le Maire. Le dernier feuillet du tome 2e est refait.

244. **PREMIER** (Le) (et le second) volume de La Thoison d'Or composé par reverend père en Dieu, Guillaume (Fillastre) jadis évesque de Tournay abbé de Sainct Bertin et Chancelier de la Toison d'Or du bon duc Philippe de Bourgogne. Auquel soulz les vertus de magnanimite et justice appartenans à lestat de noblesse sont contenus les haulx, vertueux et magnanimes faitz (tant) des très chrétienes maisons de France, Bourgogne et Flandres que d'austres roys et princes de lancien et nouveau testament. Nouvellement imprimé. *Ils se vendent à Paris en la rue Saint-Claude.* (Au recto du dernier feuillet du second volume) : Cy fine le second volume de la Thoison d'Or imprimé à Paris, l'an mil cinq cens dix sept par Anthoine Bonnemère, le dixieme jour de décembre, pour *François Regnault...* (1517) 2 tomes en 1 vol. in-fol. goth., à 2 col. de 50 lignes avec figures en bois mar. rouge, jans., dent int., tr. dor. (*Chambolle.*)   500 »

Très bel exemplaire d'une édition rare de cet ouvrage curieux.

245. PREMIER (le) et le second) livre du preux, vaillant et très victorieux chevalier Palmerin d'Angleterre, filz du roy dom Edoard, auquel seront récitées ses grandes proësses : et semblablement la chevaleureuse bonté de Florian du désert, son frère, auec celle du prince Florendos, filz de Primaleon... traduit du castillan en françois, par maistre Jacques Vincent, du Crest Arnauld en Dauphiné. *Lyon, Thibauld Payen,* 1553, 2 parties en 1 vol. in-fol. de 4 ff. prél. et 300 pp. dans la 1re partie, et de 4 ff. et 254 pp. dans la seconde, mar. rouge jans. doublé de mar. bleu, dent, tr. dor. (*Chambolle-Duru.*) 400 »

Première édition de cette traduction. Très bel exemplaire.

246. PREMIER LIVRE (le) du nouveau Tristan, prince de Leonnois, chevalier de la Table ronde et d'Yseulde, princesse d'Yslande, royne de Cornouaille, fait francoys par Jean Maugin dit l'Angeuin. *A Paris, chez la veuve Maurice de la Porte,* 1554, in fol., mar. r., dos orné de feuillage, tr. dor. (*Chambolle-Duru.*) 450 »

Première édition de ce roman remanié par J. Maugin. Superbe exemplaire ; belle dorure de Marius Michel.

247. PRÉVOST. Histoire du chevalier Des Grieux et de Manon Lescaut. *A Amsterdam, aux dépens de la Compagnie (Paris, Didot),* 1753, 2 vol. in-12, mar. vert dent. int., fil., milieux dorés, dos ornés. (*Allô.*) 300 »

Edition définitive de ce célèbre roman, orné des jolies figures de Gravelot et Pasquier.
Bel exemplaire en papier de Hollande très grand de marges

248. PRIDEAUX. Histoire des Juifs et des peuples voisins, depuis la décadence des royaumes d'Israël et de Juda jusqu'à la mort de Jésus-Christ. *A Amsterdam, chez Henri du Sauzet,* 1728, 6 vol. in-12, cartes et fig., mar. rouge, dos orné à l'oiseau, dent., tr. dor. (*Rel. ancienne.*) 220 »

249. PROLOGUES Non tant superlifiques que drolatiques nouuellement mis en veue (par Des Lauriers dit Bruscambille), imprime à Rouen, 1610, in-12, mar.

bleu, fil., dos orné, dent. int. dor. (*Trautz-Bauzonnet.*)
100   »

Bel exemplaire, provenant des bibliothèques Armand Bertin et La Carelle.

250. **QUESTIONS** diverses, et réponces d'icelles, divisées en trois livres assçavoir, questions d'amour. Questions naturelles. Questions morales et polytiques. Nouvellement traduites de Tuscan en Francoys (trad. d'Hortensius Lando). *A Paris, par Nicolas Bonfons, rue Neuve Nostre Dame, à l'enseigne Sainct Nicolas,* 1576, in-16, mar. citron, milieu doré, dent. int.. tr. dor. (*Trautz-Bauzonnet.*)   250   »

Livre curieux et rare.

251. **RABAUT**. Almanach historique de la Révolution française pour l'année 1792. *Paris, Onfroy, imp. Didot,* pet. in-12, mar. rouge, fil., dent. int., tr. dor., dos orné (*Chambolle-Duru*).   125   »

6 jolies figures de Moreau, gravées par Coiny, Halbou, Langlois, etc. Exempl. sur papier vélin avec les figures en 2 états, avec et avant lettre.

252. **RACINE**. Œuvres de Racine, *Paris, Cl. Barbin,* 1676, 2 vol. in-12, frontispices gravés et fig. de Chauveau, mar. bleu jans., doublés de mar. rouge, fil., large dent. à petits fers, tr. dor. (*Chambolle-Duru*).
500   »

Première édition originale à pagination continue des Œuvres de Racine. — Exemplaire de *premier tirage*, conforme à la description du catalogue Rochebilière. Il ne contient pas et ne doit pas contenir la *Phèdre* qui n'est pas énoncée dans la nomenclature des pièces au verso du titre et qui n'a été imprimée en 74 pages avec un faux-titre qu'après coup pour être jointe aux derniers exemplaires restant dans les magasins de Barbin. Les exemplaires de *premier tirage*, comme le nôtre, se reconnaissent à la particularité suivante : Page 153, la lettre majuscule I qui commence la préface est placée au milieu d'un petit écusson formé de deux branches de laurier ; l'écusson est placé à l'envers, la base en l'air dans le premier tirage, tandis qu'il est remis à l'endroit dans tous les exemplaires de second tirage auxquels la *Phèdre* a été ajoutée.

253. **RACINE**. Mithridate][tragédie][par M. Racine.][*A Paris, chez Claude Barbin, au Palais, sur*][*le second perron de la sainte Chapelle*][M.DCLXXIII.][avec privilège du Roy][in-12, de 6 ff. prél. dont

1 blanc, 81 pp. et 1 f. blanc, mar. rouge jans. doublé de mar. rouge, large dentelle à petits fers (*Trautz-Bauzonnet*).　　　　600 »

Edition originale, superbe exemplaire entièrement non rog. Hauteur : 182 mill. Riche reliure. Collation des ff. lim. l. f. blanc. titre, préface, 5 pp. Privilège, 2 pp. et les noms des acteurs, l. p.

254. **RACINE**. (Œuvres. *Paris, chez Pierre Trabouillet,* 1687, 2 vol. in-12, front. et fig. — Esther, tragédie, tirée de l'escriture sainte. *A Paris, chez Denys Thierry,* 1689, in-12, fig — Athalie, tragédie, tirée de l'escriture Sainte. *A Paris, chez Denys Thierry,* 1692, in-12, fig. — Ensemble 4 tomes en 3 vol. in-12. mar. viol., dos orné, fil. à comp., dent. int., tr. dor. (*Simier*).　　　　200 »

Edition recherchée, la première qui renferme Phèdre et le discours à l'Académie, elle est complétée par les tragédies d'*Esther* et *Athalie*, en éditions originales.

255. **RATIONARIUM** evangeli][starum omnia in se evangelia][prosa, versu, imaginibusqz][quã mirifice coplectens. . *Habes ingenue lector quibus viis atqz argumelis*][*quæ sunt textus evangeliorũ distincte queas apposi*][*teqz reminisci, ista tibi Thomas Badensis cognomen*][*to Anshelmi tradidit, vir magisterio præditus inso*][*lente, studii vero quod reliquũ erat exercitationis re*][*donare non potuit. Adipisceris aut si rationes prece*][*ptionis diligentia imitaberis usuqz frequentiori*][*Vale. M. D. XXII* (1522), in-4, mar. vert, dos orné. fil., dent. int , tr. dor (*Kœhler*).　　　　220 »

Livre rare. C'est la réimpression du fameux liv. ..ylographique intitulé *Ars Memorandi*. Ce volume, imprimé à Rageneau ou Hagueneau (Hagenæ) en Alsace, se compose de 10 ff. contenant quinze figures gravées sur bois d'une composition singulière. A la troisième page on lit un avis au lecteur de Georgius Simler.

256. **RAYNOUARD**. Choix des poésies originales des troubadours. *Paris, F. Didot,* 1816-1821, 6 vol. in-8. dem. mar. rouge avec coins, dos plats, n. rog. (*Purgold*).　　　　300 »

Très bel exemplaire en grand papier vélin.

257. **RECUEIL** de 83 portraits gravés par Saint-Aubin, Ficquet, Delvaux, Choffart, Simart, Edelinck, Desenne,

etc., in-8, mar bleu, dent., dos orné, tr. dor. (*Bozérian jeune*).   550   »

Ficquet : Voltaire, P. Corneille, Vadé, Descartes, La Fontaine, J.-B. Rousseau. — Choffard : La Rochefoucauld. — Simart : Bayle. Saint-Aubin : Portrait de Dolomieu, dessin à la mine de plomb ; portraits de Boileau, Bossuet, Buffon, Catherine II, Charles XII, Colbert, Grand Condé, Condorcet. d'Alembert, De la Rive, Fénelon, Frédéric II, Henri IV, Hamilton, Mlle de la Vallière, Louis XV, Molière, Montaigne, Pascal, J. Racine, L. Racine, Mme de Sévigné, etc., etc.

258. **RECUEIL** des meilleurs contes en vers par MM. de la Fontaine, Voltaire, Vergier, Senecé, Perrault, etc. *Londres, Cazin*, 1778, 4 vol. in-12, fig. de Duplessis-Bertaux, mar. rouge, fil., dos orné, dent. intér. tr. dor. (*Rel. anc.*)   550   »

Très bel exemplaire en brillantes épreuves,

259 **RECUEIL** des meilleurs contes en vers par La Fontaine, Voltaire, Vergier, Senecé. Perrault, Grécourt. Piron, Autreau, etc. — *Londres, Paris, Cazin*, 1778, 4 vol. pet. in-12, port. et fig. — Le Fond du Sac, ou Restant des babioles de M. X... (Félix Nogaret), membre éveillé de l'académie des Dormans. *A Venise, chez Pantalon-Phœbus* (*Cazin*), 1780, 2 tomes en 1 vol. pet. in-12, front. et fig. — La Pucelle d'Orléans, poème en vingt-un chants (par Voltaire), avec des notes, auquel on a joint plusieurs pièces qui y ont rapport. *A Londres* (*Cazin*). 1780, 2 tomes en 1 vol. pet in-12, front et fig. — Ensemble 8 tomes reliés en 6 vol. pet. in-12, fig , mar. orange, dos orné, fil., dent. int., tr. dor. (*Amand et Chambolle-Duru*).   400   »

Réunion complète des *Petits conteurs*, illustrés des charmantes vignettes de Duplessis-Bertaux.
Bel exemplaire.

260. **RECUEIL** d'ornements par J. Wolff, Eisler. Weigel, Rudolph, Blondel, Schubler, Poilly, Le Pautre, Gillot, De la Joue, etc., *s. l.* n. d., in-4, obl., cart., tr. jasp.   400   »

92 planches gravées. Tabatières, tables, ornements, chaires, tombeaux, cabinets, cheminées, cartouches, bois de fusils et de pistolets, rampes, grilles et balcons.

261. **RELATION** du voyage de Sa Majesté Britanique

en Hollande et de la réception qui luy a été faite, enrichie de planches très-curieuses. *A La Haye, chez Arnout Leers*, 1692, in-fol., mar. violet, fil. à la Du Seuil, dos orné, dent. int., tr. dor. (*Lortic*).   200 »

Bel exemplaire contenant frontispice, portrait et 11 pl. gravées.

262. RENVERSEMENT de la morale chrétienne par les désordres du monachisme, première et seconde parties. On les vend en Hollande chez les marchands libraires et imagiers, avec privilège d'Innocent XI, s. d. (vers 1690), in-4, figures. — Les Héros de la Ligue, ou la Procession monacale conduite par Louis XIV pour la conversion des protestants de son royaume. *Paris, chez Père Peters (Holl.)*, 1691. — Ensemble 3 parties en 1 vol. in-4, mar. rouge, fil. à la Du Seuil. dos orné, dent int., tr. dor. (*Chambolle-Duru*). 130 »

Edition originale rare des deux ouvrages. Le premier contient 50 figures grotesques gravées à la manière noire par Heemskerk, de Harlem, avec le texte imprimé en français et en hollandais. Le second contient le premier tirage d'une suite de 24 caricatures contre Louis XIV et les personnages du temps qui contribuèrent à la révocation de l'édit de Nantes. La seconde partie n'étant pas de même grandeur, il a été ajouté une bande de papier au bas du texte et des planches.

263. REPRÉSENTATION des fêtes données par la ville de Strasbourg pour la convalescence du Roi, à l'arrivée et pendant le séjour de Sa Majesté en cette ville, inventé, dessiné et dirigé par J.-M. Weis. *Paris Laurent Aubert*, s. d (1744), gr. in-fol., portrait de Louis XV, gravé par J.-G. Will, d'après Parrocel, et 11 grandes planches gravées par Le Bas. maroq. rouge, large dent. doublée de tabis, dos orné, tr. dor.   850 »

Très bel exemplaire aux armes du roi Louis XV, relié par Padeloup avec son étiquette.

264. RESTIF DE LA BRETONNE. 71 eaux-fortes de Binet, pour illustrer le Paysan perverti. *La Haie et Paris*, 1776, in-12, demi vélin, pl. montées sur onglets.   300 »

Ces gravures sont très rares à l'état d'eau-forte.

265. RESTIF DE LA BRETONNE. Monument du costume physique et moral de la fin du XVIIIe siècle ou Tableaux de la vie ornés de figures, dessinées et gravées par M. Moreau le jeune. *A Neuwied sur le Rhin, chez la Société typographique*, 1789, in-fol., mar. rouge, fil., dos et coins à la Du Seuil, dent. int., tr. dor.　　　　1,100 »

26 planches, gravées par Martini, **Baquoy**, Helman, de Launay, Halbou, Dambrun, Delignon, Simonet, etc.

266. RÉVOLUTION. Recueil de 90 pièces sur les mœurs de l'époque, les femmes, le jeu, etc. 3 vol. in-8, demi rel. mar. bleu foncé jans., avec coins. (*Allo*).　　　　300 »

Recueil important de pièces très rares parmi lesquelles nous citerons les suivantes : Procès-verbal et protestations de l'assemblée de l'ordre le plus nombreux du royaume. Second procès-verbal de l'assemblée, etc., tenue à la plaine de Longs-Boyaux. — Nouvelle assemblée des notables cocus du royaume en présence des favoris de leurs épouses. — Délibérations et protestations de l'assemblée des honnêtes citoyennes compromises. — Réponse des femmes de Paris au cahier de l'ordre le plus nombreux, etc. — Complainte des filles auxquelles on vient d'interdire l'entrée des Tuileries à la brune. — Plaintes des filoux à Nossseigneurs les reverbères. — Testament d'une fille d'amour mourante. — Aspasie à tous les comités du Palais-Royal. — Chronique arétine. — De la prostitution au Palais-Royal. - Etrennes aux grisettes. — Tarif des filles du Palais-Royal. — Grand abus sur les filles et femmes publiques. - Liste des maisons de jeu. — Le carnaval de 1791. — Les B... de Paris, avec les noms, demeures et prix. — Tableau des abus dans la police générale. — Société des Sylphes. — Les grandes Moustaches de Paris. — Le Tocsin de ces demoiselles. — Rapport de la police sur les femmes galantes, 1795. — Le Lendemain des noces.— Les Œufs de Pâques des demoiselles du Palais-Royal. — Griefs et plaintes des femmes mal mariées. — Dialogue entre un noble et sa femme fessée. — Projet de décoration pour les épouses.— Du produit des jeux, etc., etc.

En tête de chaque volume est ajoutée une table manuscrite.

267. ROBILLARD-PÉRONVILLE. Musée français, ou Collection complète des tableaux, statues et bas-reliefs qui composent la collection nationale, avec l'explication des sujets et des discours sur la peinture, la sculpture et la gravure, par L.-Q. Visconti et David. *Paris, de l'imprimerie Mame frères*, 1809-1811, 4 tomes en 5 vol. in-fol. max., pl. (344). — Le Musée royal, ou Recueil de gravures d'après les plus beaux tableaux, statues et bas-reliefs de la collection royale, publié par H. Laurent. *Paris, imprimerie de P Didot*, 1816-

1822, 2 vol., ens. 7 vol. in-fol. max. demi rel. mar. vert, dos et coins, non rog.   1,000 »

505 planches. Très bel exemplaire.

268. **ROUSSEAU** (J.-B.). Œuvres. Nouvelle édition. *A Londres (Paris)*. 1753, 5 vol. pet. in-12, portrait et couplets gravés à l'imitation de l'écriture, mar. olive, fil., tr. dor.   350 »

Sur le dos des volumes, les armes de Madame Du Barry, avec la devise « Boutez en avant ». — Édition contenant les épigrammes libres.

269. **ROUSSEAU** (J.-J.). Œuvres complètes. *Paris, Defer de Maisonneuve, Imprimerie Didot jeune*, 1793-1800, 18 vol. gr. in-4, demi veau fauve.   400 »

Exemplaire en grand papier vélin, figures avant la lettre, portrait par de Gault. 5 frontispices par Cochin, 29 figures par le même ; on a ajouté à notre exemplaire les planches de musique.

270. **ROYAUMONT**. L'Histoire du Vieux et du Nouveau Testament, representée avec des figures et des explications édifiantes, par le sieur de Royaumont (Nicolas Fontaine et Le Maistre de Sacy). *A Paris, chez Pierre Le Petit*, 1670, in-4, fig., mar. vert, fil., dos orné, tr. dor. (*Rel. anc.*).   600 »

Très bel exemplaire de l'édition originale. On y trouve des gravures de Sébastien Le Clerc, qui ne sont pas dans les autres éditions.

Sur les plats, un losange en maroquin rouge et citron.

271. **ROZIER** (le) Epithome hystorial de France, diuise en trois parties. En la première est traicte depuis la creation du monde iusqs au roy Pharamon premier roy de France, contenât les gencalogies et descêtes des Gaulloys ou Frâcoys, Troyens, Latins, Allemans, Bretons, Anglois, Brebancôs, et autres iusques audit Pharamon. La seconde partie laquelle fut côpilec a la requeste du feu roy Loys vnziesme, que dieu absoulle, contièt par maniere de cronique et par annees distinctes les faitz et gestes des François, Angloys, Escosoys, Espaignolz et autres dignes de mémoire. La tierce partie contièt le Rozier des guerres ou sont côtenus plusieurs bôs enseignemès. *On les vend a Paris, en la rue sainct Iacques a lenseigne de Lelephant. — Cy fine ce present liure intitule le Rozier hystorial de*

France... Et fut acheue d'imprimer le XX⁰ iour de Feurier Lan mil cinq cens XXVIII (1528) auant Pasques, in-fol. à 2 col., caract. got., fig. sur bois, mar. brun jans., tr. dor. (*Chambolle-Duru*).   400   »

On sait aujourd'hui que le véritable nom du compilateur qui s'est déguisé sous l'anagramme *Reproche n'y siet* est Pierre Choysnet.

272. **SACRA BIBLIA** Juxta Vulgatã quam dicunt editionem... Joannis Benedicti Parisiensis theologi industria restituta, Annorumque a mundo creato ad Christum usque natum supputatione illustrata. Adjecta est in finis Hebraicarum, Græcarum, cæterarium peregrinarum vocum cum illarum varia a nostra prolatione interpretatio... *Parisiis, prostant apud Carolam Guillard et Gulielmum Desboys*, 1552, 2 parties en 3 vol. pet. in-fol.. fig. sur bois d'après Holbein, mar. rouge, riches comp. dorés, tr. dor. peinte et ciselée. (*Reliure du XVIᵉ siècle*).   700   »

Bel exemplaire couvert d'une riche reliure romaine, dont le dos et les plats sont ornés de beaux compartiments à fers pleins et à fers azurés. Au centre des plats se trouvent les armes du cardinal Salviati, mort en 1553. Il provient des collections Eugène Piot et Richard Tufton.

273. **SAINT-FOIX** (Poullain de). Œuvres complettes de M. de Saint-Foix historiographe des ordres du Roi. *Paris, Vve Duchesne,* 1778, 6 vol. in-8, mar. rouge, dent., tr. dor., dos orné (*Rel. anc.*).   200   »

1 portrait par Pougin, de Saint-Aubin, ornementé par Marillier et gravé par Lemire. 1 figure dans le tome 1er et 1 frontispice dans le tome 2.

Superbe exemplaire en grand papier et en reliure ancienne très fraîche.

274. **SAINT-NON** (l'abbé Richard de). Voyage pittoresque, ou description des royaumes de Naples et de Sicile. *Paris, Clousier,* 1781-1786, 5 vol. in-fol. veau granit, nombreux filets avec large dent. sur les plats, dos orné, tr. dor. (*Rel. anc.*).   1,200   »

Fleurons sur les titres, 376 gravures, 11 grandes vignettes, 74 culs-de-lampe et fleurons, 12 cartes et 1 plan, dessinés par Auvray, Choffard, Cochin, Duplessis-Bertaux, Fragonard, Saint-Non, etc. et gravés par Aliamet, Couché, Dambrun, Duflos, Fessard, Gaucher, Lebas, etc., etc. Superbe exemplaire avec les *epreures avant la lettre.* On y trouve la planche dite des Phallus (tome 2, page 52), ainsi que les 18 planches de médailles des villes de la Sicile, qui manquent souvent.

275. **SAINT-NON** (l'abbé Richard de). Voyage pittoresque, ou Description des royaumes de Naples et de Sicile. *Paris, Clousier*, 1871-86, 5 tomes en 4 vol. in-fol. planches gravées, mar. rouge, dos orné, fil., tr. dor. (*Rel. anc.*).   700 »

Splendide exemplaire de ce bel ouvrage exécuté aux frais de l'auteur, qui se ruina dans cette entreprise.

La planche des Phallus (tome II, page 52), ainsi que les 11 pl. de médailles des villes de la Sicile se trouvent en bon état dans cet exemplaire.

276. **SAINTS** (Les) **ÉVANGILES**, traduction tirée des œuvres de Bossuet par M. H. Vallon, de l'Institut, enrichie de 128 grandes compositions gravées a l'eauforte d'après les dessins de Bida, sous la direction de E. Hédouin et 290 titres ornés, têtes de chapitres, culs-de-lampe, lettrines gravées sur acier par L. Gaucherel, d'après les dessins de Ch. Rossigneux, *Paris, L. Hachette*, 1873, 2 vol. in-fol. max., fig., texte avec encadrements, dem. rel. mar. La Vall., avec coins, tête dor., ébarbé.   400 »

Très bel exemplaire.

277. **SAINTE-BIBLE** (La) en latin et en français (trad. de Le Maistre de Sacy), suivie d'un dictionnaire étymologique, géographique et archéologique. *Paris, Lefèvre*, 1828-1834, 13 vol. gr. in-8, demi rel. mar. brun jans. avec coins, tête dor. (*David*).   300 »

Belle édition, le texte latin est imprimé à 2 colonnes au bas de chaque page ; le 3º volume contient la chronologie, la table analytique et un dictionnaire étymologique, géographique et archéologique. Bel exemplaire sur grand papier vélin avec la suite des figures de Devéria en double état : avant la lettre et eaux-fortes

278. **SALLUSTIUS**. De Conivratione, Catalinæ. De Bello Jugurthino, oratio contra M. T. Ciceronem M. T. Ciceronis oratio contra, C. Crispi Sallustium, etc *Venetiis in ædibus Aldi et Andrœ Asulani soceri mense Aprili*, 1509, in 8, mar. rouge, fil. à froid, dent. int., tr. dor. marque des Alde sur les plats. (*Capr*)   70 »

Ce volume a 8 ff. non chiffrés et 279 pp. chiffrées. Bel exemplaire.

279. **SALNOVE** (Robert de). La Vénerie royale, divisée

en 4 parties qui contiennent les chasses du Cerf, du Lièvre, du Chevreuil, du Sanglier et du Renard. Avec le dénombrement des forests et grands buissons de France, où se doivent placer les logements, questes et relais pour y chasser. *A Paris, chez Ant. Sommaville*, 1665, in-4, front. gravé, mar. rouge jans. dent. int., tr dor. *(Trautz-Bauzonnet).*   175 »

    Très bel exemplaire.

280. SANNAZAR. L'Arcadie de messire Jacques Sannazar, gentilhomme napolitain, excellent poete entre les modernes, mise d'italien en françoys, par Jehan Martin. *Imprimé à Paris, par Michel de Vascosan*, 1544, in 8, mar. rouge, milieu doré à petits fers, dent., int., tr. dor. *(Trautz-Bauzonnet).*   85 »

    Traduction en prose, mêlée de vers, comme l'original. Beau volume bien imprimé. Rare. Provenant de la bibliothèque de M le baron de La Roche Lacarelle,

281. SAPET. Les Enthousiasmes ou Eprises amoureuses. *Paris, chez Jehan Dallier*, 1555, in-8, mar. vert, fil., tr. dor. *(Rel. anc. genre Derome.)*   160 »

    Bel exemplaire provenant de la bibliothèque de Ch. Nodier.
    Livre très rare, écrit dans un style singulier, contenant 23 éprises philosophiques et morales, dans lesquelles l'auteur s'occupe de l'amour, des diverses passions de l'âme et de différents sujets de philologie et même de critique. Toutes les grandes lettres sont ornées d'arabesques et de jolis sujets style Renaissance.

282. SCHOEPFLINI. Alsatia illustrata celtica, romana, francica, germanica, gallica. Auctor Jo. Daniel Schoepflinus. *Colmariae, ex Typographia regia*, 1751-1772. 2 vol. — J. D. Schoepflini Alsatia ævi Merovingici, Carolingici, Saxonici, Salici, Suevici diplomatica. *Mannhemii*, 1772. — Ens. 3 vol. in-fol., cartes, mar. r., fil., tr. dor. *(Rel. anc.)*   300 »

    Bel exemplaire sur papier de Hollande.
    Nombreuses gravures.

283. SCHOPPERUS (Harmann). Πανοπλία omnium illiberalium, mechanicarum aut sedentariarum artium genera continens carminibus expressa, cum venustissimis imaginibus omnium artificum negociationes ad vivum repræsentantibus. *Impressum Francofurti ad*

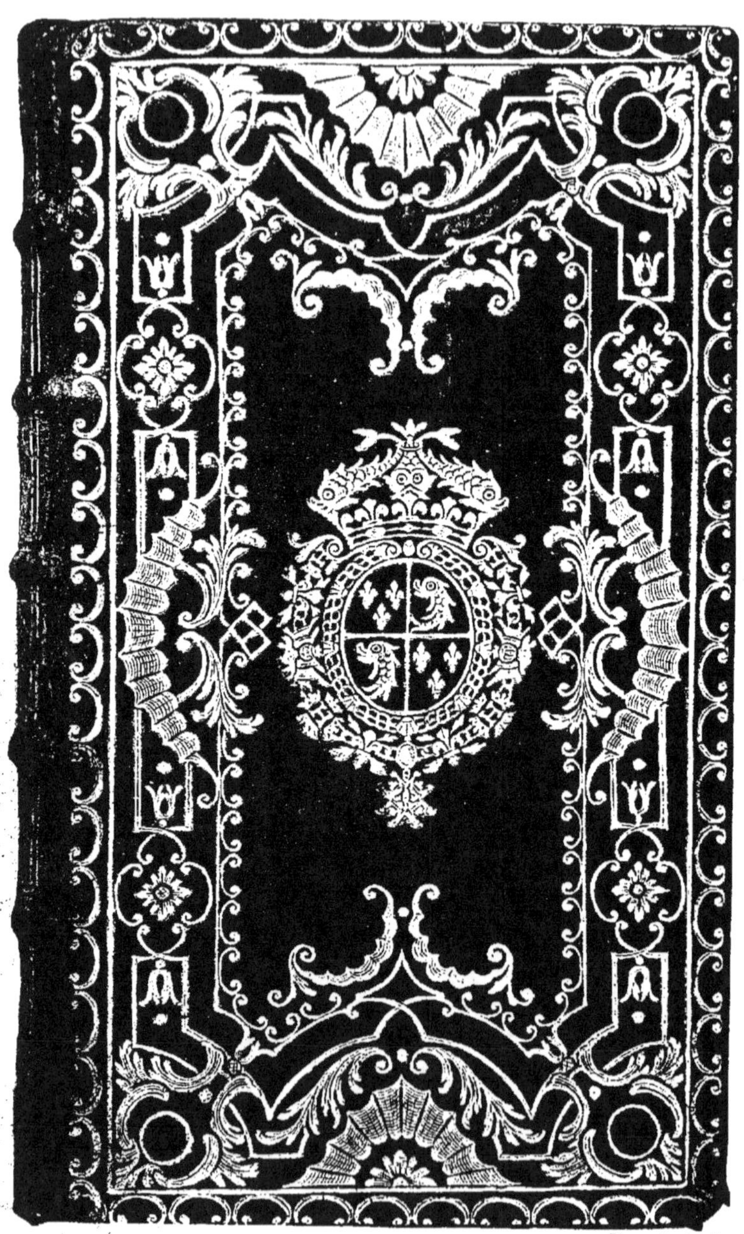

N° 285. Reliure aux Armes de Louis Dauphin, fils de Louis XV.

Mœnum apud Georgium Corvinum, impensis Sigismundi Feyrabendi, 1568, pet. in-8, m. v. jans, dent. int., tr. dor. 300 »

Livre curieux et recherché à cause des 132 figures gravées sur bois par Jost Amman qu'il renferme.

284. **SÉLINCOURT**. Le Parfait chasseur, pour l'instruction des personnes de qualité ou autres qui aiment la chasse, pour se rendre capables de cet exercice, apprendre aux veneurs, picqueurs, fauconniers et valets de chien à servir dans les grands équipages. *A Paris, chez Gabriel Quinet,* 1683, in-12, réglé, mar. rouge, fil., dos orné, dent. int., tr. dor. (*Trautz-Bauzonnet.*) 120 »

Bel exemplaire.

285. **SEPT PSEAUMES** (Les) de la pénitence réunis en un seul, par une explication littérale et suivie, en forme de Paraphrase. etc., par M. Sutil. *A Paris, chez Jean-Baptiste Garnier,* 1751, in-12, mar. rouge, dos orné, comp. sur les plats, tr. dor. (*Rel. anc.*) 700 »

Splendide reliure aux armes de Louis Dauphin, fils de Louis XV.

286. **SILVESTRE**. (J. B.). Paléographie universelle. Collection de fac-simile d'écritures de tous les peuples et de tous les temps, tirés des plus authentiques documents de l'art graphique, chartes et manuscrits existant dans les archives et les bibliothèques de France, d'Italie, d'Allemagne et d'Angleterre, publiés d'après les modèles écrits, dessinés et peints sur les lieux mêmes par M. Silvestre et accompagnés d'explications historiques et descriptives par MM. Champollion-Figeac et Aimé Champollion fils. *Paris, typog. de Firmin-Didot frères,* 1830-1840 (t. I et II), 2 vol. in-fol. max. pap. vél., pl. color., demi rel., dos et coins de chagr. r., dos ornés, tr. dor. 350 »

Les tomes 1 et 2 seulement. Tache d'encre au commencement du tome 2 sur la marge du bord. Taches de rousseur.

287. **SONNET** (Thomas). Satyre Ménippée contre les femmes sur les poignantes trauerses et incommoditez du mariage, par Thomas Sonnet, docteur en médecine, gentilhomme virois. *A Lyon, pour Vincent de Cœur-*

silly, 1623, in-8, mar. citron, dos orné, fil., dent. int.,
tr dor. (*Trautz-Bauzonnet.*)   250   »

Ce volume contient quatre parties, chacune avec un titre diffé-
rent. Sur le titre général que nous avons donné ci-dessus se
trouve le portrait de l'auteur, gravé en taille-douce ; le premier
titre qui vient ensuite porte : Satyre Menippée contre les femmes
sur les poignantes trauerses et incommoditez du mariage, auec la
Thimethelie en laquelle sont amplement descrites les maladies qui
arrivent ordinairement à ceux qui vont trop souvent à l'escarmou-
che soubs la cornette de Venus : le troisième : Deffence apologe-
tique du sieur de Courval. docteur en médecine, contre les censeurs
de la Satyre de mariage : le quatrième : Respouce à la contre-sa-
tyre. par l'autheur des « Satyres du Mariage ». Première édition
complète de ces Satyres. Chaque partie est précédée d'une dédicace : la 1ʳᵉ à Gouvets, la 2· à M. du Crioult, la 3· à Guillaume
Anifret, et la 4· aux Muses. De nombreux sonnets et des pièces en
vers adressés à l'auteur sont intercales dans les différentes parties. — Courval Sonnet naquit à Vire en 1577, il n'est guère connu
que par ses Satyres imitées de Regnier, dirigées contre la magis-
trature, le clergé, les financiers et les femmes. Très bel exemplaire provenant de la Bibliothèque de M. le baron de La Roche-
Lacarelle.

288. **SPECULUM** vitæ aulicæ. Dᵉ admirabili fallacia
et astutia vulpeculæ Reinikes libri quatuor, nunc pri-
mùm ex idiomate germanico latinitate donati, adjectis
elegantissimis iconibus, veras omnium apologorum
animaliumque species ad vivum adumbrantibus, Auctore Hartmanno Schoppero, Novaforense Norico. *Fran-
cof. ad Mænum*, 1574, in-12, fig., vélin estampé, fermoirs. (*Rel. anc.*)   200   »

Cette traduction en vers latins du Roman de Renard est ornée
de jolies figures gravées sur bois de Jost Amman et de V. Solis.
Bel exemplaire de Yémeniz dans sa première reliure.

289. **SQUOLA DI SCRIVERE** (La) dove s'insegna
non solo il carattere corsivo moderno come tutti gli
altri caratteri et ogni altra cosa appartenente a vero
scrittore, da Valerio Spada. *L'anno* 1685, in-4 obl.,
mar. r , dent. int., tr. dor. (*Cuzin.*)   300   »

Très curieux recueil. composé de 70 planches, dont 55 écrites et
dessinées à la plume et 5 imprimées. Il contient divers alphabets
entourés de dessins variés représentant des ornements d'architec
ture, des arabesques, des guirlandes de fleurs. d'oiseaux et de
groupes d'animaux. On y remarque l'alphabet hébreu, l'alphabet
chaldéen, l'alphabet *du diable*, les alphabets égyptien, arménien,
japonais, latin, grec et lombard ; de grandes lettres capitales

modernes, 3 planches de rébus et divers alphabets composés de grandes lettres formées avec des squelettes, des personnages gro tesques, des animaux, des oiseaux et des poissons.

290. **SUITE D'ESTAMPES** gravées par Mme la marquise de Pompadour, d'après les pierres gravées de Guay, graveur du Roy. *S. l. n. d. Paris, Prault*, 1782, in-4, titre gravé par J. Watson, 14 pp. de texte et 69 planches, mar. bleu, dos orné, fil., dent. int., tête dor., n. rog. 500 »

Très bel exemplaire.

291. **SYDRACH** le grât][philosophe fô][taine de toutes][sciences. Côte][nant mille nonante et quatre demandes et les][solutiôs dicelles.][Imprimé nouvellement à Paris. — *On les vend a Paris en la rue neufue Nostre*][*Dame, A lenseigne de lescu de France.* (A la fin :) — *Cy finist le livre*][*de Sydrach grant philosophe et pro*][*phete. Lequel livre est la fontaine de*][*toutes sciences nouuellement impri*][*mé a Paris par la veufue feu Jehan*][*Trepperel et Jehan Jehannot Imprimeur et libraire iuré en luniuersité de*][*Paris demourant en la rue neufve*][*Nostre Dame a lenseigne de lescu de France,* s. d., pet. in-4 goth. de 162 ff. non chiff., fig. sur bois, titre rouge et noir, mar. brun jans., dent. int., tr. dor. (*Chambolle-Duru*). 250 »

Bel exemplaire.

292. **SYLVAIN MARÉCHAL**. Costumes civils actuels de tous les peuples connus, dessinés d'après nature et coloriés, accompagnés d'une notice historique sur les mœurs, usages, coutumes, religions, fêtes, supplices, funérailles, sciences et arts, commerce, etc., de chaque peuple, 2e édition. *Paris, chez Deterville, s. d.,* 4 vol. in-8, veau rac., papier fort. 100 »

305 planches coloriées.

293. **TABARIN**. Recueil général des œuvres et fantaisies de Tabarin, divisé en deux parties, contenant ses rencontres, questions et demandes facétieuses avec leurs responses, les Adventures et amours du capitaine Rodomont. *A Rouen, chez David Geuffroy,* 1627. 2 part. en 1 vol. pet. in-12, mar. citron, fil., doublé de

mar. bleu, comp. arabesques et feuillages, dorure
à petits fers, dos orné, tr. dor. (*Duru*).   250 »

Très bel exemplaire grand de marges et bien conservé, d'une
des éditions les plus complètes du Recueil général des Œuvres de
Tabarin. Il est orné d'une riche et élégante reliure.

294. **TABLEAUX** historiques où sont gravez les illustres
françois et estrangers de l'un et de l'autre sexe, remarquables par leur naissance et leur fortune, avec
les eloges sommaires, contenans leurs noms et leurs
qualitez, leurs pères et leurs mères... les plus belles
actions de leur vie et leurs armes blasonnées. Par
Pierre Daret, graveur du Roy. *A Paris, chez ledit
Daret*, 1652, in-4, demi rel.   100 »

Titre gravé, avis au lecteur gravé et 84 portraits d'hommes
et de femmes, personnages français de la première moitié du
XVII siècle.

295. **TASSO.** La Gerusalemme liberata. *In Parigi, appresso Agostino Delalain*, 1771, 2 vol. gr. in-8, pap. de
Holl., 2 front. avec les portr. du Tasse et de Gravelot,
titres gr. avec fleur., 20 fig., 23 culs-de-lampe et
28 vignettes dess. par Gravelot et gr. par Baquoy,
Duclos, Lingée, Massard, Née, Patas, Pons, Simonnet,
etc., mar. rouge, fil., dos orné, tr. dor. (*Derome*).
           350 »

Bel exemplaire.

296. **TASSE.** Jérusalem délivrée, poème du Tasse. Nouvelle traduction (par Lebrun). *Paris, Musier fils*, 1774.
2 vol. in-8, front. et fig., mar. rouge, dos orné, fil.,
tr. dor. (*Rel anc.*).   200 »

Edition illustrée par Gravelot. Bel exemplaire.

297. **TASSE.** La Jérusalem délivrée, traduite en vers
françois par P.-L.-M. Baour-Lormian. *Paris, Delaunay
(de l'imprimerie de Didot le jeune)*, 1819, 2 vol. gr. in-8,
v. fauve, fil., dent. et ornements, fers à froid, tête dor.,
non rognés   100 »

Exemplaire tiré sur grand papier vélin, contenant : portrait du
Tasse dess. par Desenne, gr. par Müller, épreuve en triple état :
avant et avec la lettre et eau-forte; portrait de Baour-Lormian
dessiné par Frilley ; quatre figures dessinées par Ducis, gravées
par Pauquet : trois figures dessinées par Chasselat et Bergeret ;
épreuves en triple état : avant et avec la lettre et eaux-fortes.

298. TAYLOR et **NODIER**. Voyages pittoresques et romantiques dans l'ancienne France.—**Auvergne**. — *Paris, Didot*, 1829, 2 vol. in-fol., dem. mar. chag. rouge non rog.   175 »

L'Auvergne renferme environ 250 planches, la plupart sur chine, avec de nombreux culs-de-lampe, tirés dans le texte.

299. TAYLOR et **NODIER**. Voyages pittoresques et romantiques dans l'ancienne France. — **Bourgogne**. *Paris, Didot*, 1863, in-fol., dem. mar. chag. rouge, non rog.   120 »

La Bourgogne renferme environ 170 planches, la plupart sur Chine.

300. TAYLOR et **NODIER**. Voyages pittoresques et romantiques dans l'ancienne France. — **Champagne**. *Paris, Didot*, 1857, 2 tomes en 3 vol. in-fol., demi chag. rouge, non rog.   250 »

La Champagne renferme environ 400 planches, la plupart sur Chine.

301. TAYLOR et **NODIER**. Voyages pittoresques et romantiques dans l'ancienne France. — **Dauphiné** *Paris, Didot*, 1854, in-fol., dem. chag. rouge, non rog.   100 »

Le Dauphiné renferme environ 170 planches, la plupart sur chine.

302. TAYLOR et **NODIER**. Voyages pittoresques et romantiques dans l'ancienne France.— **Languedoc**. *Paris, Didot*, 1823-1827, 6 part. en 4 vol. in-fol., dem. chagr. rouge, non rog.   300 »

Le Languedoc, divisé en 6 part., renferme 331 planches numérotées de 1 à 331 et 45 pl. supplémentaires, soit en tout 376 pl. hors texte, la plupart sur chine, mais très mal chiffrées ; le texte n'a pas de pagination, les cahiers sont de 2 ff. et chaque page est tirée dans un superbe encadrement historié.

303. TAYLOR et **NODIER**. Voyages pittoresques dans l'ancienne France. — **Picardie**. *Paris, Didot*, 1835, 3 vol. in-fol., dem. chag. rouge, non rog.   250 »

La Picardie renferme environ 400 planches la plupart sur chine. Chaque page de texte est tirée dans un encadrement historié. Très bel exemplaire.

304. TENIERS. Theatrum Pictorium Davidis Teniers,

Antverpiensis pictoris, in quo exhibentur, ipsius manu delineatæ ejusque cura in æs incisæ picturæ quas Ser^us Archidux in Pinacothecam suam Bruxellis collegit. *Antverpiæ, apud H. C. Verdussen*, 1658, in-fol., mar. rouge, fil. à la Du Seuil, dos orné, dent. intér., tr. dor. (*Chambolle-Duru*). 500 »

F̓rontispice gravé et 245 planches par Troyen, Boel, Vastermann et autres. Très belles épreuves.

305. THÉATRE D'HONNEUR (le) de plusieurs princes anciens et modernes, avec leurs vies et faicts plus mémorables et leurs vrayes et naturels portraicts, contenant aussi les vies et faicts de tous les chanceliers et gardes des sceaux de France, de plusieurs hommes illustres, des jurisconsultes plus celebres, anciens et modernes qui ont escrit sur le droict romain : Et les faux Dieux, le temps qu'ils ont esté et leurs pourtraicts. *A Paris*, 1618, in-fol., portr., mar. vert, dos orné à petits fers, comp. de fil., tr. dor. (*rel. anc.*). 600 »

Edition peu connue de la « Chronologie collée », elle est divisée en 20 parties avec titre spécial à chaque partie. Nombreux portraits par Léonard Gaultier. Bel exemplaire aux armes de Louis Phélypeaux, seigneur de la Vrillière. Au verso du titre se trouve dessiné le blason d'un prince de Condé avec les fleurs de lys et la couronne en or, accompagné d'un double Λ en or, répété quatre fois ; ce double Λ est également aux angles des plats de la reliure et a été encore dessiné à la fin du volume, surmonté de la couronne royale.

306. THEATRUM Mortis humanæ, cum figuris æneis illustratum. Durch Joannem Weichardum Valvasor. *Gedruckt zu Leybach*, 1862, in-4, front. et fig., mar. rouge jans., tr. dor. (*Petit*). 300 »

L'ouvrage est divisé en 3 parties : la 1re *Saltum Mortis* est ornée de 54 figures gravées sur cuivre d'après les compositions d'Holbein ; la 2e partie : *Varia genera Mortis* renferme 35 figures dessinées par Jo. Koch ; la 3e partie : *Varia Tormenta Damnatorum* contient 31 figures de Jo. Koch. Toutes ces figures, gravées sur cuivre par And. Trost, sont comprises dans des encadrements avec fleurs, fruits, insectes, etc.

307. THOMÆ A KEMPIS, canonici regularis, ord. S. Augustini de Imitatione Christi, libri quatuor, (recensiti ad fidem autographi anni M. CCCC. XLI (1441) cum vita ejusdem Thomæ per Heribertum Rosweydum

societatis Jesu). *Lugduni, apud Joh. et Dan. Elzevirios,
s. d.* (1653), in-12 réglé, front., mar. bleu, dos orné,
riches comp., tr. dor. (*rel. anc.*). 350 »

Bel exemplaire dans une jolie reliure avec dorures couvrant entièrement les plats, pouvant être attribuée à Padeloup.

M. Willems cite ce volume comme l'un des plus beaux de la collection Elzévirienne.

308. **THRÉSOR DES RÉCRÉATIONS** contenant histoires facétieuses et honnestes, propos plaisans et
pleins de gaillardises, faicts et tours joyeux, plusieurs
beaux énigmes, tant en vers qu'en prose et autres
plaisanteries tant pour consoler les personnes qui du
vent de bize ont esté frapez au nez que pour récréer
ceux qui sont en la misérable servitude du tyran
d'Argencourt. *A Douay, de l'imprimerie de Baltazar
Bellere, l'an* 1600, pet. in-12 de 356 pp., mar. fauve,
fil., dos orné, dent. int., tr. dor. (*Trautz-Bauzonnet*).
160 »

Bel exemplaire daté de l'an 1600, précédant ainsi de cinq années
l'édition publiée à Douai en 1605, que Brunet indique comme étant
la plus ancienne et la plus rare de ce recueil.

309. **TRESSAN**. Histoire de Gérard de Nevers et de la
belle Euriant, sa mie. *Paris, de l'imprimerie de Didot
jeune*, 1792, pet. in-12, fig., mar. vert, dent., doublé
de tabis, tr. dor. (*rel. anc.*). 300 »

Exemplaire tiré sur papier vélin, contenant 4 fig. dessinées par
Moreau, gr. par Dupréel, de Ghendt, Malbeste et Simonet, épreuves avant la lettre.

310. **TRIOMPHE** (Le) de l'Empereur Maximilien I, en
une suite de cent trente-cinq planches gravées en bois
d'après les dessins de Hans Burgmair, accompagnées
de l'ancienne description dictée par l'empereur à son
secrétaire Marc Treitzsaurwein. *Imprimé à Vienne
chez Mathias André Schmidt*, 1796, in-fol. obl., fig.,
mar. br. jans., fil. int., mors de maroq., gardes de
vélin, tr. dor. (*Marius-Michel*). 1.000 »

Superbe livre, monument de la gravure sur bois au commencement du xvie siècle; cette édition, publiée par Bartsch, a été tirée
sur les bois originaux.

Avant cette édition, l'on ne connaissait que 87 pièces de cette
suite qui avaient été tirées au xvie siècle à un très petit nombre
d'exemplaires.

311. **TROFEO** della vittoria sacra, ottenuta contra Turchi nell'anno 1571 : rizzato da i più dotti spiriti de' nostri tiempi; con diverse rime raccolte da Luigo Groto, cieco de Hadria. *In Venetia* (1572), pet. in-8, fig. sur bois, mar. bleu, dos orné, fil. tr. dor. (*Trautz-Bauzonnet*).   120 »

Recueil des pièces publiées à l'occasion de la bataille de Lépante, réunies et imprimées par les soins de Louis Groto ; ce recueil est précédé d'une relation du combat, d'une liste des galères avec les noms des commandants, et d'une table des pièces insérées.

312. **URFÉ** (Anne de'). Les Hymnes de messire Anne d'Urfé.... contenant cinq hymnes.... *Lyon, Pierre Rigaud*, 1608, in-4, mar. r., milieu doré, tr. dor. (*Lortic*).   225 »

Ces poésies du frère d'Honoré d'Urfé sont très rares.
Bel exemplaire provenant de la bibliothèque Desq.

313. **VADÉ** (J.-J.). Œuvres poissardes, suivies de celles de L'Ecluse. *A Paris, chez Defer de Maisonneuve, An IV* (1796), in-4, cart. non rog.   500 »

L'un des 100 exemplaires tirés sur grand papier (hauteur, 365 millimètres), contenant la suite des 4 figures dess. par Monsiau, gr. par Clément, impr. en couleurs, belles épreuves avant les numéros.

314. **VAISSETTE**(Don). Histoire générale de Languedoc, avec des notes et les pièces justificatives, composée sur les auteurs et les titres originaux, et enrichie de divers monuments. *Paris, J Vincent*, 1730, 5 vol. in-fol., veau, fil., tr. marb., dos ornés.   120 »

Bon exemplaire. La dorure du dos des deux derniers volumes diffère un peu de celle des autres.

315. **VALERE LE GRAT**, historiographe tres-illustre translate de latin en françoys. contenant neuf liures traictans des vertueuses oeuures non seullement des rommains, mais aussi de gens destrange nacion, comme de grecz, de gens Dorient et Doccident, et aultres parties de la terre. — *Cy finist le second volume de Valere le Grant... Imprime nouuellement a Paris, par Philippe le noir, marchant libraire et relieur iure en Luniuersite de Paris, demourát en la grát rue saint Iacques a lenseigne de la rose blanche couróncc. S. d.,*

pet. in-fol. à deux col., caract., goth., fig. sur bois,
mar. rouge jans., dent. int., tr. dor. (*Chambolle-Duru*).
                                                    300 »
Bel exemplaire.

316. **VECELLIO.** Degli habiti antichi et moderni di diverse parti del mondo libri due, fatti da Cesare Vecellio, et con discorsi da lui dichiarati. *In Venetia, presso
Damiau Zenaro, M. D. XC* (1590), in-8, car. ital., fig. sur
bois dans les entourages, mar. vert jans., dent. int.,
tr. dor. (*Chambolle-Duru*).   400 »
 Première et précieuse édition contenant 420 pl. elle est fort rare.
Bel exemp. Hauteur : 181 mill.

317. **VENATUS** et aucupium iconibus artificioss. ad
vivum expressa, et succinctis versibus illustrata, per
J. O. Lonicerum. Ad calcem vero adiunximus poetas
tres egregios Gratium qui Augusto Principe floruit de
Venatione, M. Aurelium Olympium Nemesianum, qui
Cynegetica scripsit, et Joannes Darcæum Venusinum
de canibus. *Francoforti, impensis Sigismundi Feiera-
bendii*, 1582, in-4, basane noire, tr. dor. (*Rel. anc.*).
                                                    350 »
 40 figures, scènes de chasses, gravées sur bois, d'après Jost
Ammam.

318. **VIGNIER** (Nicolas). La Bibliothèque historiale de
Nicolas Vignier de Bar-sur-Seine, médecin et historiographe du roy. *A Paris, chez Abel l'Angelier*, 1587-
1650, 4 vol. in-fol., mar. vert, dos ornés et comp., tr.
dor.   250 »
 Bel exemplaire en grand papier, réglé, dans une reliure ancienne
de Eve, avec ornements sur les plats et dos à feuillages.

319. **VILLEROY** (de). Mémoires d'Etat, par Mr. de Villeroy, Conseiller d'Etat et secrétaire des commande-
mens des Rois Charles IX, Henri III, Henri IV et
Louis XIII. *Amsterdam (Trévoux), aux dépens de la
compagnie*, 1725,7 vol. pet. in-12, mar. rouge, dos orné,
fil., tr. dor. (*rel. anc.*).   120 »
 Bel exemplaire.

320. **VINCENT MIROIR.** Le premier (et le second)
volume de Vincent Miroir, historial (5 livres) traduit
par Jean de Vignay.) Nouuellemèt imprime a Paris.

*Il se vendét en la grant salle du palais au premier en la
boutique de Galliot du pre Mil V.C.XXXI* (1531), 2 vol.
in-fol.. caract. goth., mar. rouge jans., dent. int., tr.
dor. (*Chambolle-Duru*).   450 »
    Figures sur bois. Bel exemplaire.

321. VIRGILE. Œuvres traduites en français. Avec des
remarques par Des Fontaines. Nouvelle édition. *Paris, Plassan*, 1796, 4 vol. in-4, cart., n. rog.   160 »
    Exemplaire sur papier vélin non rogné. Portrait et 17 gravures.
d'après Moreau et Zocchi. épreuves avant la lettre

322. VIRGILII MARONIS (P.). Bucolica, Georgica et
Aeneis, ex Cod. Mediceo-Laurentiano descripta, ab
Antonio Ambrogi Florentino S. J. italico versu red-
dita adnotationibus atque variantibus lectionibus et
antiquissimi codicis Vaticani picturis pluribusque
aliis veterum monumentis aere incisis et cl. virorum
dissertationibus illustrata. *Romae, J. Zempel*, 1763-
1765, 3 vol. gr. in-fol., front. gr. et nombr. grav. et
culs-de-lampe, mar. bl., dos ornés, fil. et dent. sur les
pl., tr. dor. (*Simier*).   100 »
    Grande édition donnée par le jésuite Antonio Ambrogi, de Flo-
rence; c'est un superbe monument typographique, orné de magnifiques gravures.
    Mouillures au tome Ier

323. VIVANT-DENON. Monuments des Arts du Dessin chez les peuples tant anciens que modernes, recueillis par le baron Vivant Denon. Lithographiés par
ses soins et sous ses yeux. Décrits et expliqués par
Amaury Duval. *Paris, Firmin Didot*, 1829, 4 vol. in-fol.,
pap. vélin, pl. lithog. noires et en couleur, dem. rel.
chag. vert, avec coins   140 »
    Ouvrage intéressant tiré à petit nombre; le premier volume est
spécialement consacré à l'histoire des arts du dessin chez les dif
férents peuples du monde; les trois autres se rapportent à l'histoire de la peinture en Europe depuis l'époque de la renaissance
des arts

324. VIVANT-DENON. L'Œuvre originale. Collection
de 317 eaux-fortes dessinées et gravées par ce célèbre
artiste, réunion formant l'album le plus complet et
le plus varié pour l'étude de la gravure à l'eau-forte.
avec une notice sur sa vie intime, ses relations et son
œuvre, par M. Alb. de la Fizelière. *Paris, A. Barraud,*

1873, 2 vol. in-fol., dem. mar. vert, avec coins, tête
dor., non rog., dos orné, portr.　　100 »

Tiré à 500 exempl. numérotés, n° 69. Publié à 200 fr. br.

325. **VOLKYR DE SEROUVILLE** (Nicole). L'histoire
et recueil de la triumphante et glorieuse victoire ob-
tenue contre les seduyctz et abusez Luthériens mes-
creans du pays Daulsays et autres, par Anthoine, duc
de Calabre, de Lorraine et de Bar... en deffendant la
foy catholicque, notre mere leglise, et vraye noblesse.
S. l. n. d. (Paris, Galiot du Pré, 1526), in-fol., caract.
goth., mar. bleu, doublé de m. rouge, large dent., tr.
dor. (*Duru*).　　550 »

Figures sur bois.

326. **VOLTAIRE**. Henriade. Suite de dix en-têtes d'Ei
sen, gravés par de Longueil, pour l'édition Vve Du
chesne (imprimerie Barbou), vers 1770. 2 vol. in-8. —
Superbes épreuves de graveur avant le texte au verso,
à toutes marges.　　200 »

327. **VOLTAIRE**. Romans et contes de M. de Voltaire.
A Bouillon, aux dépens de la société typographique, 1778,
3 vol. in-8, port. et fig. de Moreau et Monnet, mar.
rouge, dos orné, fil., tr. dor. (*Chambolle-Duru*).　650 »

Bel exempl. relié sur brochure, avec les figures avant les numéros. Trois figures ont les numéros grattés.

328. **VOLTAIRE**. La Pucelle d'Orléans, poème en vingt-
et-un chants. *Paris, imprimerie de Didot le jeune, l'an
III*, 2 vol. in-4, pap. vélin, cuir de Russie, tr. dor.
　　400 »

Portrait par Gaucher et 21 figures par Lebarbier, Marillier,
Monnet et Monsiau, épreuves avant la lettre.

329. **VON GEBURE VND** Billicheit des fürtreflichen
Romers M. T. Ciceronis, Drei Bücher an seinem Sün
Marcum. Gedruckt zu Franckfurt am Meyn, bei Chr.
Egenolff, MDL (1550), in-fol. de 4 ff. lim. et 91 ff.
chiffrés, fig. sur bois, mar. rouge, fil., dos orné, dent.
int., tr. dor. (*Belz-Niedrée*).　　300 »

Edition ornée de 103 figures sur bois, gr. par H. Scheufelein et
Burgkmaier.

330. **VOYAGES** (Les) aventureux du capitaine Martin

de Hoyarsabal, habitant de Cubiburu. Contenant les reigles et enseignemens nécessaires à la bonne et seure navigation. Reveu et corrigé en ceste dernière impression, et augmenté de la déclinaison du soleil qui a esté faite suivant la réformation du calendrier de l'an mil cinq cens quatre-vingt-deux. *A Bourdeaux, par Guillaume Millanges*, 1633, in-8, mar. La Vall. jans., dent. int., tr. dor. (*Raparlier*).   260 »

Volume rare.

331. **WILLEMIN** (N. X.). Monuments français inédits pour servir à l'histoire des Arts et où sont représentés les costumes civils et militaires, les instruments de musique, les meubles de toutes espèces et les décorations intérieures des maisons. *Paris*, 1806, 2 vol. in-fol., dem. mar. viol., av. c., non rog.   300 »

302 planches, beaucoup sont coloriées.

332. **YAUVILLE** (D'). Traité de Vénerie, par M. d'Yauville, premier veneur et ancien commandant de la Vénerie du Roi. *A Paris, de l'Imprimerie royale*, 1788, in-4, 41 pl. gravées des principales fanfares, mar. rouge, fil., dos orné, non rogn. (*Capé.*)   200 »

Edition originale.

333. **ZACHARIE**. Les Quatre Parties du jour, poème traduit de l'allemand (par Muller). *A Paris, chez J.-B.-G. Musier*, 1769, in-8, front., 4 fig. et 4 vign. par Eisen, mar. rouge, dos orné, fil., dent. int., tr. dor. (*Hardy-Mennil*).   75 »

Bel exemplaire en grand papier de Hollande.

334. **ZURLAUBEN** (B.-F.-Antoine de La Tour-Châtillon de). Tableaux topographiques, pittoresques, moraux et politiques de la Suisse (publiés par J.-B. de La Borde). *Paris, de l'imprimerie de Clousier*, 1780-1788, 4 vol. gr. in-fol., veau marb., fil., tr. dor.   300 »

278 planches gravées. Superbe exemplaire.

Le Propriétaire-Gérant :

TH. BELIN.

Paris. — Imprimerie PAIRAULT & Cie, 3, passage Nollet (2148).